智胜营销

孙树宏 著

新世界出版社
NEW WORLD PRESS

图书在版编目（CIP）数据

智胜营销 / 孙树宏著 . -- 北京 : 新世界出版社，2016.7

ISBN 978-7-5104-5858-3

Ⅰ . ①智… Ⅱ . ①孙… Ⅲ . ①网络营销 Ⅳ . ① F713.36

中国版本图书馆 CIP 数据核字 (2016) 第 147095 号

智胜营销

作　　者：孙树宏
策划编辑：张铁成
责任编辑：袁　静
责任印制：李一鸣　黄厚清
出版发行：新世界出版社
社　　址：北京西城区百万庄大街 24 号 (100037)
发 行 部：(010)6899 5968　(010)6899 8705（传真）
总 编 室：(010)6899 5424　(010)6832 6679（传真）
http://www.nwp.cn
http://www.nwp.com.cn
版 权 部：+8610 6899 6306
版权部电子信箱：nwpcd@sina.com
印　　刷：北京中印联印务有限公司
经　　销：新华书店
开　　本：787mm x 1092mm 1/16
字　　数：198 千字　印张：14.25
版　　次：2016 年 7 月第 1 版 1 次印刷
书　　号：ISBN 978-7-5104-5858-3
定　　价：39.80 元

前言

——营销是大学问，没智慧怎能取胜?

营销，到底销什么？销自己，售观念，卖感觉。

领导，到底管什么？管人，管文化，管绩效，管习惯。

没有人，怎么销？招人，从无到有。

人才留不住？塑造文化，从有到优。

留下的人没业绩？绩效管理，从优到最。

好业绩无法保持？持续训练，从最到久。

营销，是商业世界中任何企业都无法避开的话题。无论身处哪一个行业，无论提供的是实体产品还是虚拟产品，每一家企业的经营和发展都离不开营销。营销不难，因为每一家企业、每一个营销人员都会按照自己的步调去开展营销工作；营销也不易，因为在营销竞争中失败的企业和营销人员数不胜数。大打价格战、开展人海战术，这种旧式的营销思维早已落伍，营销不是在比拼“蛮力”，而是要以智取胜。

营销≠销售，许多企业和营销人员反是以“卖东西”的销售理念去开展营销工作，失败在所难免。而单纯凭借营销人员滔滔不绝的口才，也是无法保证顺利达成企业营销目标的。现代化的企业营销，不是个人英雄主义的奋勇拼搏，而是集团化的精密作战，只有营销团队中的每一位成员都各司其职、密切配合，才能始终遵循营销既定方案有条不紊地达成营销目标。

营销是企业经营的重要环节，其本身就是一个完善的系统，包括营销团队组建、营销团队管理、营销团队培训、营销团队绩效考核、客户关系管理，以及企业的营销模式选择、品牌理念的塑造和推广，等等。以上每一项内容，都是在搭建企业营销系统时需要思考和完成的。

《智胜营销》不是在教你如何将产品卖出去，而是在教你如何搭建一个完善的、合理的、高效的营销系统，全面升级企业和团队的营销力。全书共分为9章：第1章主要讲解了营销的本质和内涵，扭转许多人将营销等同于销售的错误观念；第2章主要讲营销管理，营销团队的管理者和领导者要如何管理团队，管不好人就管不好业绩；第3章主要讲营销团队组建，如何去招募优秀的、适合企业的营销人才；第4章主要讲团队文化对营销团队的引导作用，一支拥有优秀文化的营销团队更具战斗力；第5章主要讲营销团队的绩效管理，以绩效为导向的行动才能造就最佳的效率和效益；第6章主要讲客户关系的建立、维护和强化，有了强硬的客户关系，才有稳固的人脉资源，才能创造更佳的营销业绩；第7章主要讲品牌的经营，打造一个具备持久竞争力的品牌能够让营销事半功倍；第8章主要讲“互联网+”下的营销新思维，企业要如何顺应“互联网+”的新趋势并开展营销活动；第9章主要讲营销团队领导者的个人修炼，要在精神层面上成为一个优秀的领导者，为自己代言，为团队代言。

本书尽可能刨除烦琐的营销概念和理论，用平实的语言和丰富的案例告诉广大读者在各个营销环节中要做什么、为什么这样做、又要如何去做。希望广大营销一线人员和营销团队领导者们在阅读本书之后，能够深刻理解营销系统，并着手搭建适合本企业的营销系统，开展更高效的营销，取得杰出的营销业绩，以自己的智慧打一场营销大胜仗。预祝各位营销领袖们：用一辈子的时间，做两辈子的事情，活出三辈子的精彩！

目录

第1章

营销解密：营销不是卖东西

什么是营销？这一看似简单的问题，长期以来一直困扰着营销人员，人们很难简单、清晰地将营销解释清楚。有许多营销人员认为，无论营销概念如何转变、如何阐述，都可以简单地将营销与“卖东西”画上等号，但是这种观念大错特错。“卖东西”确实是营销最直观的表现，但却不是营销的全部，更不是营销的内涵本质。如果以“卖东西”的观念去展开营销行为，失败将是在所难免的。

01 营销概念的演变过程

在商业世界中，唯一不变的便是变化。营销概念贯穿于商品世界的始终，在商品世界的发展过程中，它也处于不断的演变之中。不过，现代意义的市场营销概念，则源于19世纪末的产业革命，并被人们作为一门学科来研究。纵观现代市场营销的演变史，营销概念可以大致分为五个阶段：

（1）生产概念

生产概念盛行于19世纪末和20世纪初，随着产业革命的爆发，生产能力大幅提升，生产企业认为，消费者更倾向于购买价格低廉的商品，应当积极组织和利用资源，集中全部精力提高生产效率，增加产量、降低成本，进而扩大销售。

生产概念实际上是一种重生产、轻营销的思想，这种营销概念更多地以遵循生产为导向。正如亨利·福特所宣称的“不管顾客需要什么颜色的汽车，我们只生产黑色的”，正是反映了这一阶段的主流营销概念。只要具备了高效的生产能力，大规模地向市场推出质优价廉的产品，就等同于营销的成功，因此不需要再大张旗鼓地开展各种营销工作。

（2）产品概念

产品概念是与生产概念同期存在的一种市场营销概念，其本质同样是重生产、轻营销。但不同的是，产品概念认为，消费者更喜欢高质量、多功能以及具备某些独特特性的产品。因此，企业应该集中力量致力于生产优质产品，并不断地追求精益求精。

不过，在产品概念的引导下，企业往往会过度“沉迷”于自己的产品，以至于无法意识到产品与市场的脱节，甚至与市场潮流背道而驰。在这种营销概念下，一旦产品无法与市场需求精准对接，即便产品质量再优异，也往往会使企业经营陷入困境。例如，著名的材料科技创新企业杜邦曾于1972年发明了一种硬度与钢材相当、重量仅为钢材20%的新型纤维，杜邦极为看好这一全新材料，为其设想了大量的应用场景，预估了一个价值10亿美元的庞大市场，然而这一市场的到来却远远滞后于杜邦公司的预期，这也对杜邦公司造成了巨大的打击。

（3）推销概念

推销概念最早盛行于近代商品市场由卖方市场转移到买方市场的大背景下，该概念认为消费者普遍具有购买惰性或者是抗拒心理，如果对其听之任之、放任自流，消费者便不会“自觉”购买本企业的产品，因此企业营销的中心任务应该是通过大力的推销和促销，诱导消费者的购买行为。

以推销概念为主导的企业，认为产品是企业“卖出去的”，而不是被消费者“买去的”，这些企业聘请大量销售人员，大量推送广告，对消费者进行无孔不入的产品或促销信息轰炸，以说服甚至强制消费者购买产品。所以，尽管立足点不同，但推销概念与生产概念、产品概念同样是以企业为中心的，并没有真正从消费者角度出发并开展营销工作。

（4）市场营销概念

以上三种营销概念，都是“以产定销”的陈旧观念，直至20世纪50年代，以市场为主导的营销概念才真正形成。市场营销认为，实现企业经营目标的关键在于准确确定目标市场的需求，以消费者为中心，比竞争对手更有效、更快速地满足消费者的实际需求或潜在需求。

市场营销概念的出现，真正将营销概念引领到一个全新的领域，彻底摆脱了旧式营销概念的束缚，将营销从“企业中心”转变为“消费者中心”，并对营销策略和模式产生了重大影响。在市场营销概念的指导下，企业在下达经营决策时，必须要进行市场调研，并根据市场的需求点选择目标消费群体，再根据市场需求量组织生产经营，最大限度地提升消费者满意度。自此，“消费者主权论”逐渐成为营销领域的主流思潮，越来越多的企业相信，决定生产和销售的不是政府或企业，而是消费者。

美国贝尔公司更是在广告中提出，“现在，我们的中心目标必须针对顾客。我们将倾听他们的声音，了解他们所关心的事，我们重视他们的需要，并永远先于我们自己的需要，我们将赢得他们的尊重。我们与他们的长期合作关系，将建立在互相尊重、信赖和我们努力行动的基础上。我们必须铭记，谁是我们的服务对象，随时了解顾客需要什么、何时需要、何地需要、如何需要，这将是我们每一个人的责任。”

（5）社会营销概念

社会营销概念是对市场营销概念的补充与修正，该概念从以消费者为中心的思想更近一步，提出营销要以社会长远利益为中心，由此诞生了理智消费观念、生态准则观念等一系列营销新理论。而这些新营销理论的共通点在于，都认为企业生产和营销不仅要考虑消费者的需求，还应该考虑到消费者和社会的长远利益。

社会营销概念认为，最为理想的营销决策，应该是“消费者需求的满足”“消费者和社会的长远利益”“企业的营销效益”三大要素的统一，应该是一项多方共赢的决策。

当然，社会营销概念也并非是营销概念的最终结果，随着全球化经济的到来，随着互联网经济的到来，大市场营销概念、关系营销概念、文化营销概念、整体营销概念等都在不断涌现，营销概念正被时代赋予越来越多的内涵。

实际上，不同的营销概念是在特定的商品市场环境以及营销环境下的产物，它们都在各自的时代中发挥着重要的作用。而只要商品世界不断发展下去，营销概念的演变也将持续下去。

营销概念的持续演变，也揭示了企业的营销活动是始终保持动态发展的，在当前的互联网环境下，企业也需要更适应时代甚至引领时代的营销理念、工具和模式，以先进的营销概念为企业的健康成长和稳健发展注入充足动力。

02 重新解析营销的内涵

营销的概念在不同的时代、不同的市场环境下不断演化，那么营销究竟是什么呢？许多人和企业将营销狭义地理解为推销，但实际上，推销只是营销的基本内容之一，只是营销的浅层体现。

著名管理学家彼得·德鲁克曾经指出："可以设想，某些推销工作总是需要的，然而营销的目的就是要使推销成为多余，营销的目的在于深刻地认识和了解顾客，从而使产品或服务完全地适合它的需要而形成产品自我销售。理想的营销会产生一个已经准备来购买的顾客，剩下的事就是如何便于顾客得到产品或服务。"

正如彼得·德鲁克所论述的一样，推销也许是营销过程中某个节点不可忽略的工作，但推销绝不等同于营销。真正的营销工作，早就在产品制成之前便展开了，企业的营销部门和营销人员首先需要确定目标市场，并掌握市场规模、细分市场、消费者购买偏好和习惯等；其次，营销部门必须把市场需求具体信息反馈给研发部门，让研发部门设计出能够适应该目标市场的最佳可行性产品；再次，营销部门还必须为产品走向市场而设计定价、分销和促销方案，让消费者对企业产品有所认知并产生购买意愿；最后，在产品成功售出后，营销部门还要考虑为消费者提供必要的售后服务，以提升消费者满意度。

被誉为"现代营销学之父"的菲利普·科特勒在他的《市场营销原理》一书中对营销进行了以下定义："今天，不应该再以陈旧的达成销售的观念——劝说和销售，而是要以满足顾客需求的新观念来理解市场营销。广义上，市场营销是一种通过创造和与他人交换价值来实现个人和组织的需要和欲望的社会和管理过程。在狭义的商业环境中，市场营销涉及与顾客建立价值导向的交换关系。于是，我们将市场营销定义为企业为从顾客处获得利益回报而为顾客创造价值并与之建立稳固关系的过程。”

尽管两位管理大师对于营销的定义不尽相同，但是其体现的营销内涵却是相通的，这种营销内涵体现在以下三点：

（1）营销是以客户需求为出发点来组织企业经营活动，通过满足客户需求从而让企业盈利

营销实际上是属于企业和目标客户的价值交换，客户从企业获取产品或服务，而企业则从客户获取盈利。因此，为了使营销过程能够顺利运转，企业应该主动满足客户需求，刺激客户消费，从而带动企业营销工作的开展。

（2）营销不是简单的推销过程，而是一个综合性的企业经营管理过程，贯穿于企业经营活动的始终

营销不是推销，而是管理。从企业产品的研发、生产，到产品的销售、售后服务，都需要营销加以连接、梳理和支持。企业经营过程中的任何一个环节，都不能忽略营销的作用，都不应该脱离营销工作而孤立地开展。

（3）营销是企业的一种整体性经营手段和环节

营销本身即是一套整体性的企业经营活动，包含市场调研、产品定位、信息推送、促销策略和售后服务等诸多环节，而这些环节之间也是环环相扣、密不可分的，任何一个环节出了问题，整体营销工作就难以顺利开展，也就难以达成相应的营销目标。

营销的概念并非是固定的，不同的学者在不同的营销环境下对于不同的营销模式的解读都是有差异的。但是，在现代市场营销概念下，无论营销模式如何转变，营销的内涵都是统一的。营销不是简单地运用促销策略完成产品销售，而是以满足客户需求为中心的企业经营管理活动。企业无论采用何种营销模式，实施何种营销策略，都应该始终坚持营销的根本内涵，如此才能保障企业营销活动开展的有效性。

03 你在营销的哪个层次？

营销人员需要“知彼”，即了解客户的具体需求，为他们提供高满意度的产品和服务。但同时，营销人员也需要“知己”，要了解企业当前所处的营销阶段。营销是分层次的，在不同的层次中，营销的概念不同、开展方式也不同，所能达成的营销效果也不同。因此，想要顺利地指导企业营销工作的开展，让企业营销成功地“更上一层楼”，必须了解营销的不同层次，还必须认清自己当前正处于哪一个营销层次中。

营销的层次，从低到高可以分为以下六个层级：

（1）营销

这是营销的最基础层次，即在现代市场营销概念的指导下，以营销内涵为中心开展综合化的营销管理工作，确保企业准确抓住细分市场，推出受市场认可和欢迎的产品，并通过一系列具体的销售计划、销售策略等来实现产品的价值兑现，以带动企业整体经营活动的运转。

作为贯穿于企业经营活动始终的重要一环，营销在指导企业生产，并将产品推向市场并完成销售，为企业赢得再生产资金和经营资金中发挥着举足轻重的作用。没有营销，企业经营活动就无法顺利地开展，而企业营销活动只有达成了以上效果，才算是真正站在了营销的起跑线上。

（2）迎销

在迎销层次中，企业不需要以营销人员大量推销产品的方式，或是用销售电话、销售短信去“骚扰”客户，而是让客户自己“找上门来”。

由于所处层次不同，因此营销的运作和效果也有相当大的差别。一般的营销讲究的是热情和主动，也比较考验营销人员的承受能力和引导水平。这类营销常见于中小企业，以人脉关系作为资源，或是通过大量营销人员东奔西跑拉客户，但最终往往收效甚微。而在迎销层次中，企业不是依靠增加销售人员、扩大营销规模来促进销售，而是通过提高营销整体质量，推出针对客户需求的高质量产品和服务来“迎接”客户，这种方式不仅更有成效，也能显著地降低营销成本。

影响一个人很困难，但影响一群人却反而变得简单。许多企业的营销目标之所以难以达成，就是因为他们总是试图逐个让每一位消费者满意，这样自然会效率低下。而那些真正具备强大营销影响力的企业，则总是能够挑起消费者从众的风波。

（3）盈销

盈即盈利，所谓盈销就是要确保销售工作不仅能够使企业抢占目标市场，还一定能为企业带来切实的利润。“杀敌一千，自损八百”的营销方式不是企业真正所需要的，不盈利的营销活动最终一定是无效的，也是开展正常营销工作中需要极力避免的。盈销就是要充分利用市场细分，采用“四两拨千斤”的方式，以最小的投入获取最大的收益。

盈销层次要求企业营销团队应该想尽一切办法实现营销收益的最大化，以最终的企业利润作为评价营销工作的重要指标，包括营销战略、策略、战术、计划等，都应该始终遵循这一标准。盈销要求营销人员必须成为一名独立经营者，而不是简单地将打倒对手作为自己的目标，要在取得一种产品市场成功的同时，实现客观的利润。

（4）赢销

如果说盈销是以利润作为关键性评价标准的话，那么赢销层次则是“以成败论英雄”。赢销就是要跟竞争对手争夺目标客户群，抢占市场前沿阵地，而且一定要把对手击败，要赢对手！这才是检验赢销成败的唯一指标。

商场如战场，赢销就是要赢得关键战役的胜利。每一个营销团队都应该认识到营销的残酷性，都应该勇于面对营销竞争。“狭路相逢勇者胜”，唯有无所畏惧，直面挑战，才有可能占得先机。

营销必然会伴随着资源的消耗，而在赢销层次中，就是要做到营销资源的合理分配。应对弱小的竞争对手时，不应“杀鸡用牛刀”，白白浪费资源；应对强大的竞争对手时，不能“以卵击石”，也不能缩手缩脚。赢销就是要把最主要、最关键的资源用在营销中的主要矛盾上，就是要将“好钢用在刀刃”上。

（5）营消

营销与营消，这可不是在玩文字游戏，这一字之差，造就的是两种完全不同的概念。在传统的营销概念中，遵循的是“先对手，后消费者”的理念，总是会将“矛头”首先指向竞争对手；而在营消观念中，遵循的则是“先消费者，后对手”的理念，将“矛头”首先指向消费者。营消的主要特征如下：

①从主攻对手向主攻消费者转变。在营消观念下，与其浪费资源与对手“掰手腕”，不如专注于满足消费者需求，多下功夫抓住市场控制权，让企业成为消费者的痛点解决方案提供者。

②实现“营”“消”合一。营消就是要实现企业经营与消费者需求的统一，要坚持“客户第一，经销商第二，企业第三”的原则，实现多方共赢。

③从企业利润主导向消费者价值主导转变。营消也必须为企业带来利润，但这并非是最首要的，营消的核心是实现消费者价值，企业利润则是这一过程中的“附带物”。

④从企业主导文化向消费者主导文化转变。消费者价值最大化意味着消费者主导，不是把企业文化灌输给消费者，而是要以消费者文化指导企业营销活动。

⑤从硬实力向软实力转变。传统营销大多是在比拼企业的资金、资源等硬实力，而营消则强调比拼软实力，以价值理念的体验和享用赢得消费者的心，就自然能达成营销目标。

（6）赢消

赢消就是在营销工作的各个环节中以消费者为中心制订计划，赢得消费者的心，并最终赢在消费者。

在产品的研发设计环节，应该充分搜集消费者需求，或是以消费者痛点为出发点推出让他们惊喜的产品；在销售渠道的选择上，则应该采用目标消费者更认同、更乐于使用的渠道组合。赢消是在产品真正推出市场之前，就让产品与消费者之间产生充分的互动，让消费者对产品充满期待，通过抓住消费者的心来“提前”实现营销。企业不仅要在产品研发上积极迎合消费者，去满足他们的需求，在品牌营销上，也需要同消费者保持互动，让他们对企业价值观产生强烈的认同感。

因此，营销的最高层次就是“赢消”：赢得消费者的心。正是通过“前期营销”，与消费者进行充分沟通，真正了解到消费者的所需所想，进而设计、制造出相应的产品或服务方案，才能确保产品在真正投向市场前就能成功热销。在当前的商业环境下，企业必须要将营销环节向前推，要潜心研究市场，了解消费者的真实需求和潜在需求，这个过程开展得越是细致和缜密，后续的销售工作越是会水到渠成，也就会轻而易举地达成预定目标。

营销→迎销→盈销→赢销→营消→赢消，此即为营销的六种层次。每一个营销团队，都应该按照当前的营销理念、营销工作、营销成果等“对号入座”，找准自身当前所处的营销层次，然后再根据下一层次的营销特征和要求进行针对性的调整和改善，不断提高自身的营销境界。

04 营销的两大核心

不同的营销专家，在不同的营销模式下，对于营销核心的定义都会有所不同。有人认为，营销的核心在于定位，也有些人认为，营销的核心在于客户。其实，无论营销思维和营销模式如何改变，有两大核心关键是始终不变的：一是渠道创新能力；二是终端沟通技术。

（1）渠道创新能力

在商业领域中，渠道通常是指商品的销售路线和流通路线，指企业和厂家通过一定的社会网络或代理商将商品在不同区域进行推广，进而达到销售的目的，营销渠道亦被称为营销网络。在上世纪末和本世纪初，营销的渠道观念达到顶峰，“渠道为王”的观念被广泛认可，在营销领域有一种普遍说法，只要具备了强大的营销渠道，就等同于取得了营销成功。

长期以来，营销思维和营销模式的变化，总是伴随着渠道的改变，也可以说是由渠道的改变所推动的，因此，渠道的创新往往同营销的创新形影不离。

渠道创新能力，可以归纳为两个层面的内容：一种是渠道工具的创新，另一种则是渠道模式的创新。

渠道工具，即是开展营销活动所使用的信息工具，包括各种沟通工具和媒体工具，这些工具的进化在很大程度上推动了营销的进化。在通讯和媒体极为不发达的时代，人们使用书信进行交流，通过报纸获取重要资讯，此时的营销渠道较为单一，要么进行面对面的行销，要么在报纸上刊登广告。而随着通讯工具和媒体工具的不断进化，如今，人们使用电话、手机和网络等通讯工具进行交流，通过电视、网络、社交媒体来获取咨询，这些不仅极大地丰富了营销渠道的种类，也大幅优化了营销的效率和成本。营销信息的传递方式也随之多元化起来，比如电话营销、论坛营销、微博和微信营销等，都是互联网时代下的创新营销方式。

渠道模式，即企业和厂家进行铺货的方式，如何将商品在不同的模式下推向终端客户，以实现销售的过程和价值。比如，企业和厂家进行产品直销，直接对接终端消费者是一种渠道模式，而通过各地的代理商和分销商，进行多级渠道的代理分销，又是另外一种渠道模式。甚至终端客户自身也能成为渠道的一部分，在社会化营销思维下，有些企业会让终端客户进行代销，每销售出一份产品即可获得相应的提成奖励。渠道模式的选择，受到许多客观因素的影响，如企业的规模、产品的销售范围、产品的特性等，都会决定企业和厂家最终所采取的渠道模式。

（2）终端沟通技术

终端沟通技术，通俗来说就是营销的实战技巧，即如何向客户介绍产品信息和价值，赢得客户的信任，并顺利达成交易的营销方法。终端沟通技术即包含企业传递产品信息和价值的方式，也包含终端营销人员与客户沟通的具体话术，所有传递产品信息和价值，以及对消费者进行说服的方法，都是终端沟通技术的一环。

在长期的营销实践中，关于终端沟通技术的营销方式和技巧多种多样，比如我们所熟知的体验式营销、提问式营销、关系营销、精准营销、爆点营销、文化营销、品牌营销、数据库营销，等等。这些不同的营销方法，其立足点不同、实施的具体方式不同，但目的是统一的，那就是达成销售业绩。而这些终端沟通技术尽管应用频度不同，但本身并不存在优劣之分，每一种营销技巧都有其独到之处和优势所在，要根据不同的产品特征和客户特征加以灵活应用。而不同的营销技巧之间也不是完全孤立的，而是具备一定的相似相通之处，存在一定的互补性，营销团队可以根据自身的知识和经验，结合营销工作的实际需求，对现有的终端沟通技术进行有机融合，制定一套适合企业、产品的最佳营销方法 。

营销人员只要紧紧抓住营销的两大核心，学会与时俱进地进行渠道创新，强化营销能力，同时灵活地选择和应用不同的终端沟通技术，那么无论营销概念如何转变、营销环境如何变化，都能够确保自身能够迅速追随市场潮流，开展一系列卓有成效的营销活动，让产品和企业在市场中立于不败之地。在此，简单介绍几种终端沟通技术供大家借鉴和参考：

- **疯狂式沟通：状态，以销售人员特有的情绪去感染客户。**
- **幽默式沟通：方法，以幽默的语言或动作迅速化解抗拒或尴尬。**
- **专家式沟通：专业，以客户认为的“专业”而征服客户，实际未必专业。**
- **老板式沟通：气度，以老板一样的气度或能量控制沟通流程或场面，其实本身不是老板。**

05 市场营销的三要素

无论营销概念如何转变，营销模式如何推陈出新，市场营销始终是围绕着三个基本点不断开展的，这就是市场营销的三要素：产品、客户、营销人员。

（1）产品

产品是市场营销的标的物，没有产品，营销就无从谈起。特别是在传统的营销概念下，产品可以说是营销的起点，只有企业先推出某件产品，才能与客户达成价值交换，营销工作才算是有迹可循。

一切具备市场价值和使用价值的物品，都能够成为市场营销的产品。相反，那些丝毫不具备市场价值和使用价值的物品，则无法成为市场营销的产品。而在产品同质化日趋严重的互联网时代，产品仅仅具备市场价值和使用价值是远远不够的，还需要具备超高性价比的市场价值，需要为客户提供独特的使用价值，才能真正在市场中成功立足。

（2）客户

客户是市场营销的目标，没有客户，即便有具备价值和使用价值的产品，也无法实现交换价值，市场营销同样无法开展。而在新型的营销思维下，客户在市场营销中不再只是一项被动要素，甚至可以超越产品成为新的营销起点。比如一些创新型产品和定制产品，企业会采用“预售”的形式，先寻找愿意下单购买的目标客户，然后再组织产品的研发和生产，从而带动整个市场营销环节。

无论是将产品作为营销起点，还是将客户作为营销起点，客户的存在都是至关重要的。实现产品市场价值的关键，就是要满足客户的需求，实现客户价值。如果产品无法满足客户需求，客户自然不会产生购买意愿，产品也必然会面临滞销的窘境。而真正优秀的营销团队和营销型企业，不只是满足于实现客户的现有需求，还会深入地挖掘客户的潜在需求，通过各种方式同时满足客户的物质需求和精神需求，紧紧抓住目标客户群的心。

（3）营销人员

营销人员是产品和客户之间的桥梁，没有营销人员，产品与客户之间就无法产生对接和交互，市场营销也难以实现顺畅的循环。同时，营销人员还是市场营销三要素中最大的能动要素，营销人员的知识、技能、形象、水平等，也会在很大程度上影响企业营销工作的开展效果。

有些企业认为，只要有明确的目标市场，只要有足够优秀的产品，营销人员是可有可无的，这种观点是错误的。无论在任何时代，无论企业的产品有多么优秀，都需要营销人员将其推向客户。也许不同行业、不同企业的营销团队规模不同、工作方式不同，但是营销人员的存在却是不可或缺的。营销人员不仅仅是产品与客户之间的信息中介，同时也是产品理念和品牌理念的直接传递者，优秀的营销人员能够深挖产品的价值，并让客户感受到这些价值，让他们对产品“蠢蠢欲动”。

产品、客户、营销人员三大要素构成了市场营销的完整循环，三者缺一不可。同时，这三大要素之间也是相互影响、相互促进的，任何一个要素存在缺失或是缺陷，都会使市场营销工作陷入困境。产品不具备独特价值，营销人员再优秀也难以达成销售目标；客户和客户需求定位不明确，即使有优秀的产品和营销人员也难以击中客户的“痛点”；营销人员水平不高，产品再优秀也难以成功出售给需要它们的客户。企业无论选择怎样的营销模式，都必须牢牢抓住市场营销的三要素，以“三足鼎立”之势才能站稳市场。

06 营销的本质：销自己，售观念，卖感觉

既然营销不是推销，那么营销的本质究竟是什么？或者换一个更加直白的问题：营销人员究竟需要做什么，才能成为营销大师，才能达成优异的营销业绩？真正的营销专家，不会只抓着一件产品与目标客户“喋喋不休”，他们的成交策略可以归纳为三点：销自己，售观念，卖感觉。

（1）销自己——修炼自我

营销的要点，不是在推销产品，而是在推销自己。——乔·吉拉德

作为世界上最成功的营销人员之一，乔·吉拉德曾连续12年荣登世界吉尼斯纪录大全世界销售第一的宝座，他所保持的连续12年平均每天销售6辆汽车的销售纪录至今无人能破。乔·吉拉德的成功仅仅是依靠优秀的产品和销售话术吗？显然不是。他成功的根本是在销售产品之前就成功地将自己推销给了客户，让客户认可自己、喜欢自己，因此，很多时候，乔·吉拉德甚至不需要主动拜访客户，许多客户会在他人的推荐下主动寻找他购买产品。

成功地向客户推销自己，关键要做好两方面：一是要保持良好的形象；二是要具备强大的自信。

良好的形象价值千金，一位营销人员给客户留下的第一印象，有可能直接决定能否达成交易，甚至达成长期的合作关系。营销人员的良好形象同样包含两个方面：一是良好的外在形象，这不是要营销人员要长得多么英俊漂亮，打扮得多么“亮眼”，而是要梳妆适当、穿着得体，保持一个营销人应当具备的职业形象；二是良好的内在形象，在与客户长期的交往过程中，仅

靠外在形象是不够的，营销人员必须要德才兼备，才能让客户愿意主动、密切同你往来。

成功营销的基础是赢得客户的信任，如果营销人员对产品不自信、对自己不自信，那么根本不可能说服客户，也就不可能赢得他们的信任。同时，自信也是一种强大的精神力量，能够使营销人员跨越工作的挫折，坚定不移地冲向最终的营销目标。营销人员想要向客户成功地推销自己，首先就要自信，自己都不相信自己的人，不可能会成功地要求他人相信自己。

（2）售观念——超越产品

营销人员最终的目标，是将产品顺利销售给客户，但在整个营销过程中，营销人员必须要超越产品本身，不要单纯地向客户销售产品，而是要销售一种全新的、正确的观念，以此来打动客户。

某品牌大米的营销人员小赵在一个社区内销售有机大米，在向各位主妇推销这种有机大米时，小赵并没有着重地介绍该大米的各种优点以及各项科学检测数据，只是简单地总结了以下话术："我们公司的有机大米是纯天然绿色食品，不仅安全无污染，而且口感好、营养价值高。如果您用这种大米煮饭，那么一定能够为您的家人带来健康，让您的家庭更加和睦美满。"

营销人员小赵在销售有机大米时，就不是在单纯地销售产品本身，而是在着重销售一种健康饮食的观念。如果小赵只是在不断地介绍该有机大米的各项优点，要么客户听不懂专业术语，要么客户不容易信任，一定无法顺利地促成交易。但小赵对有机大米的优点仅仅是一笔带过，而是向客户传递食用有机大米是为了家人健康、家庭幸福的消费观念，客户的消费动机立马提升了一个档次，自然更容易被营销人员打动，产生强烈的消费欲望。

营销是一种价值观的传递，单纯对产品特征进行无止尽的描述，往往是苍白无力的，也不会让客户产生"必须购买"的强烈决心。客户从来不会购买产品本身，他们购买的是产品为他们带来的好处，所以，销售产品必须要将产品和观念同时传递给客户。身心健康、孝敬父母、夫妻恩爱、子女成才、家庭富裕，将这些具备极高价值的消费观念同产品绑定在一起，才更容易让客户买账。

（3）卖感觉——关注客户

营销就是在向客户传递让他们舒适的感觉。有时候，客户感觉对了，营销人员不需要多费唇舌即可成交；有时候，客户感觉不对，营销人员口若悬河也无济于事。所以，成功的营销需要营造一种良好的氛围，需要为客户带来美好的感受与想象。

小李在向一位客户销售一款跑步机，在简单介绍了该跑步机的功能特点后，小李对客户说道："您想一下，当您在家中放置了这样一款跑步机后，每天一起床就可以沐浴着晨光开始锻炼，不需要忍受外界污浊的空气、扰人的噪声，也不需要再忍受夏天的烈日、冬天的严寒，让锻炼真正成为生活中的一种享受。"

小李的这番销售话术，实际上就是在向客户卖感觉，他以客户的需求和感受出发，为客户营造了一种购买产品后的美妙体验，这远比介绍产品能够为客户带来哪些优点更有效、更具感染力。

向客户卖感觉，还需要营销人员具备极强的沟通能力，包括沟通的内容、方法、动作和神态等。而据研究显示，沟通的内容对客户的影响最小，仅占7%；沟通的动作和神态对客户的影响最大，占到了55%；而沟通的方法则介于两者之间，占据38%。所以，营销人员必须活用自己的沟通动作和神态，换位思考关注客户的真实感受，不遗余力地为客户营造特殊的感觉。

理解并抓住营销的本质，对于成功营销能够产生强大的助力。如果营销人员真正能够将销自己、售观念、卖感觉的营销思维融入到实际的销售工作中，那么营销目标的达成绝不是一项艰巨的挑战，营销工作也不是乏味的卖东西的过程，而是一种在满足客户需求、实现客户价值的过程中自然而然的结果。

第2章

营销管理：先管人后管业绩

企业之间的营销较量，绝不会仅以资金、资源等硬实力的比拼来分出高下。营销是企业管理的一环，因而，营销领袖之间的领导力和影响力的碰撞，才是决定企业营销竞争成败的关键。身为一名营销领袖，为企业带来多少业绩上的提升自然是评价其能力的直观指标。但是一名成功的营销领袖，必然会先管人后管业绩，人才是业绩的基础，只有打造一个强大的营销团队，才能争取傲人的营销业绩。

01 营销管理的核心

做好营销管理，对于企业营销工作的开展具有非凡的意义。有了良好的管理，企业营销才能井然有序，各个部门之间的配合才会更加流畅，这对于营销效率和效果提升的作用不言而喻。

良好的营销管理，具体为企业营销工作产生了哪些助力呢？首先，有利于营销人员的合理配置，管理者需要根据营销人员不同的个人能力进行营销团队的组建和内部调整；其次，有利于企业的可持续发展，在企业营销的过程中，需要不断总结经验教训，不断进行针对性的工作调整，才能更好地适应瞬息万变的市场；最后，有利于目标市场的开拓，现代市场需求潜力无限，呈现出了跨界、跨领域等全新特征，而唯有凭借营销管理，才能抓准这些市场需求。

营销管理的核心究竟是什么？不同的企业，不同的营销管理者给出的答案可能都不尽相同。完善的营销机制、合理的营销制度、有效的营销渠道、默契的营销团队……这些可能都是不同的营销管理者心中的核心。不过，现代营销学之父菲利普·科特勒先生指出，营销管理的核心在于创造。

营销管理并不是一种既定的学术理论，同营销概念的演化一样，营销管理也在不断进化。企业想要真正开展好营销工作，就必须根据环境的变化和用户的脚步，做好企业营销的创造性管理，紧随时代的步伐。

在互联网时代下，有一些人认为，随着互联网信息技术的发展和普及，消费者正变得越来越难以受到广告和营销人员的影响，甚至还做出了“营销已死”的论断。但实际上，做出这一论断的人则是完全将营销与推销混同起来，其结果完全是谬误的。确实，伴随着买卖双方的信息透明化、对等化程度越来越高，消费者确实不易受到各种推销信息和推销行为的影响。但是，推销并不是营销，营销是一种科学化、系统化的运营管理。一些营销大师也反复提出，营销的最终目标是“消灭”销售，所以，互联网时代的营销环境变化并不会使营销管理走到尽头，而是会让营销管理进化到一个全新的层次上。

自现代市场营销理论诞生以来，可以大致分为以产品为中心的营销1.0时代，以客户为中心的营销2.0时代和以价值为中心的营销3.0时代。而菲利普·科特勒先生则进一步将营销3.0时代划分为三个阶段：第一阶段是吸引用户的思维、心智和精神，并与之建立紧密的联系；第二阶段是帮助用户意识到他们的预期，让他们产生购买意愿、下达购买决策；第三阶段是与用户形成同感、共鸣，并保持可持续性。在当前，能否成为一家“营销可持续型企业”，关键就在于能否用以上三个阶段的营销管理为用户带来独特的价值。

科特勒先生还进一步指出，营销是为了给人们生活中遇到的各种问题提供切实的解决方案，因此，营销管理需要关注的不仅仅是用户，而是广义上的“人”，要以人文主义色彩为人与社会创造提供更大的价值。

那么，以价值为中心的营销3.0时代是不是营销管理的终极形态，会不会出现更新的营销4.0时代？对于这一问题目前尚无法断言。但可以预见的是，随着时代的发展，以及商业环境的变化，营销概念和营销管理也必然会迎来新一轮演化。正如上文所阐述的，创造才是营销管理的核心。只要以创造性的思维和行为，创造性地应对营销环境的变化、客户需求的变化、市场行为的变化，那么任凭营销世界沧海桑田，企业也能始终凭借创造性的营销管理在市场中屹立不倒。

02 管理者和领导者的区别

谈及企业领袖，我们通常会提到管理者和领导者这两种概念。那么，管理者与领导者之间，究竟有哪些区别呢?

（1）管理者关注人的行为，领导者关注人的思想

管理者关注的是团队成员的行为，希望每一位团队成员都能够按照既定的规章制度、流程方法去保质保量地完成自己的工作。规则是管理者的最关键指标，只要团队成员能够按照规则行事，管理的目标便达成了。

领导者关注的是团队成员的思想，在恪守基本原则的基础上，鼓励每一位团队成员都能够摆脱既定规则的束缚，多提出一些创新性的思想，采取一些创新性的行动。领导者是没有明确的指标的，团队成员提出的任何或大或小的新思想，都应受到领导者的关注。

（2）管理者关注人的当下，领导者关注人的未来

管理者关注的是团队成员的当下，招聘人员时，他们需要确保该人员具备企业所需要的基本条件和基本素养；安排具体工作时，他们需要确保该人员的知识和技能足以胜任这份工作。当前能力不达标的成员，无法进入管理者的“法眼”，也就失去了挑战和进步的机会。

领导者关注的是团队成员的未来，他们不会因为团队成员当前能力的高低就草率地判断他们能做什么、不能做什么，甚至决定其去向，他们更关注团队成员的性格、进取心等隐性能力，更愿意去发掘团队成员的潜能，帮助他们持续成长。对于领导者来说，团队成员的当前能力并不意味着全部，他们的潜能往往更加重要。

（3）管理者关注人的缺点，领导者关注人的优点

管理者关注的是团队成员的缺点，他们要确保团队成员不存在某些可能会对工作产生不良影响的重大缺点，他们在招募成员、组建团队时，更倾向于寻找没有明显缺点的人，以确保这些人能够随时按照指示完成指定的任务。

领导者关注的是团队成员的优点，他们并不会太在意团队成员的缺点，只要他们身上的优点能够为企业产生强大的助力，就是优秀的人才。一个人的缺点，可能花一个月时间就能够改正，但一个人的优点，可能花一年时间都无法培养出来。所以，领导者更在乎团队成员能够做好什么，而不是他们做不好什么。

另外，具体到一个企业营销部门中的营销领袖，他们同样存在营销管理者和营销领导者的区别。那么，营销管理者和营销领导者究竟哪一方才更符合企业营销需求呢?

在新的商业思维中，越来越多的人认同领导者要比管理者更重要的理念。他们认为，死板的管理只会为企业发展带来各种阻碍，唯有能够成功领导人心的领导者才能为企业发展注入不可阻挡的活力。但事实上，这种观点未必准确。管理者和领导者关注的是两个不同的领域，他们的出发点、行为标准存在很大的差异，但并没有绝对的孰优孰劣之分。不可否认的是，现在确实有许多企业因为死板的管理而陷入僵局，但主要原因在于领导者的管理思维和方法过于落后，作为一种科学，管理是永远不会被淘汰的。

管理和领导，是两种相关而又截然不同的能力。管理者更多的是运用职权、规章制度等硬权力确保团队工作按照计划顺利开展；领导者则更多的是运用个人魅力、才华等软权力赢得团队成员的认可，为团队发展提供充足动力。管理是按时按量达成团队既定目标的保障，领导则是刺激团队不断成长，增强团队凝聚力的催化剂。任何一位企业领袖，都应该同时运用管理和领导这两种不同的软硬权力，只有刚柔并济才能更好地引领团队与企业前行。

具体到企业营销中，如果只有营销管理力，没有营销领导力，那么营销团队就会缺乏拼劲，营销工作也难以取得显著的突破；而如果只有营销领导力，没有营销管理力，在特定的营销计划之下，也无法确保团队能够众志成城地达成营销目标。

因此，对于营销领袖而言，不要纠结自己应该成为营销管理者还是营销领导者，一位真正优秀的营销领袖，应该同时注重管理力和领导力的双重修炼，既要铁面无私地执行既定的营销方案，又要热情澎湃地提出营销愿景，鼓励团队成员积极投入到营销创新中。

03 营销管理的理想目标

有明确目标的管理才能有方向、有策略，才能达成管理期望的功效，营销管理同样如此。在营销管理实践中，企业通常需要预先设定一个预期的市场需求水平，但在实际中，市场需求水平可能呈现出与预期的市场需求水平不一致的状况，营销管理目标的设定就是为了通过相应的营销管理实践工作使两者尽可能达成统一。

营销管理的实质是需求管理，是对需求的水平、时机和性质等进行有效调解的过程，具体包括满足企业的需求，满足消费者的需求，满足终端的需求，满足销售队伍的需求等。而根据对以上不同层面的需求管理标的，营销管理的理想目标的轮廓也清晰地显现出来。

（1）打造一流的营销团队

在企业经营中，任何一个环节的工作要想取得重大成就，都必须依靠团队的力量。无论一个人专业知识和技能有多强，也不可能仅凭一己之力就撑起企业的营销任务。因此，营销管理的首要目标，便是打造出一流的营销团队，这是企业取得营销成功的基本保障。

那么，作为营销管理者，如何打造一流的营销团队呢？首先，要选择最合适的团队成员。“物以类聚，人以群分”，在选择团队成员时，不能只关注他们的能力、经验等硬实力，还需要格外关注他们的价值观、理念、团队意识等软实力，坚决不把“异类”招募到团队之中。其次，要注重营销团队的平衡。要注重团队成员在能力、性格、行事风格上的互补性，不要将过多

"同质化"的成员安排在一个岗位上，团队互补才能产生更好的化学反应，才能取得1+1＞2的效果。最后，要时刻注重营销团队的优化调节。"流水不腐，户枢不蠹"，想要使营销团队始终保持一流水平，就不能止步不前，而是需要根据团队成员的能力、成绩和当前的营销目标，随时对团队成员的构成或定位作出调整，以不断实现营销团队的优化升级。

打造一流的营销团队，主要就是为了满足企业的需求。企业无论采用何种营销战略，无论想要达成何种营销业绩，归根结底都需要由一支一流的营销团队去执行。

（2）创造显著的业务绩效

无论营销团队的能力多么优秀、配置多么合理，但是最终仍然要以成绩来说话，营销的业务绩效，永远是营销管理评估的硬性指标。无法为企业带来业绩增长的营销是没有任何意义的，营销管理工作的开展，一定要为企业销售业绩带来有效的同比或环比增长。

创造显著的业务绩效，首要工作便是确定明确的业绩指标，有了业绩指标才有动力、才有评估标准。而业务绩效的设定，通常又分为两种形式。一种是设定业绩绝对值，即根据企业的阶段性目标明确营销团队在下一期营销中需要完成多少销售额；另一种则是设定业绩增长率，即根据上一期营销业绩为营销团队设定相应比例，以在下一期营销中达成该增长目标。

创造显著的业务绩效并不仅仅只是为了满足企业的需求，同时也是在满足消费者的需求。企业之所以能够取得理想的营销业绩，就印证了企业的产品和营销策略满足了消费者的需求，并得到了消费者的认可。

（3）抢占足够的市场份额

业务绩效在很多情况下属于企业的内部指标，它反映的是企业营销团队的当前能力水平和工作成果变动。而为了更为真实地反映企业在同行业、同区域市场中的营销竞争力，则需要以市场份额指标加以判断评估。市场份额又称市场占有率，就是指一个企业的销售量或销售额在市场同类产品中所占的比重，市场份额占比越高，意味着企业对于市场的控制力越强。

在传统思维下，企业通常只关注市场份额的数量，而忽略了市场份额的质量。市场份额的数量即市场份额的大小，是其在宽广度方面的体现。市场份额的质量，则是对其优劣的反映，包括客户满意度、客户忠诚度等指标在内，都是市场份额质量的评价标准。因此，抢占足够的市场份额，不仅仅是要求营销团队要达成市场份额的数量目标，还要在市场份额的质量目标上取得高水平。

抢占足够的市场份额，同时也是在满足终端的需求，对于与企业合作的代理商、经销商以及各个销售终端来说，企业市场份额越高，他们的销售工作就越容易展开，盈利前景也更为可观。

（4）塑造优秀的团队文化

一流的团队，不仅要具备优秀的团队能力，同时还要具备优秀的团队文化。优秀的团队文化能够为团队注入强大的精神力量，让团队保持充足的动力和良好的凝聚力。团队文化不是由团队管理者独自空想“编”出来的，而是在整个团队的愿景和价值观下共同形成的一种自发的、隐性的精神特质。

不同的营销团队，其团队文化的具体内容会有很大区别，不过以下文化特质应该是每一个营销团队都应该具备的：一是不畏挫折的拼搏文化；二是遵循目标的执行文化；三是紧密配合的合作文化；四是不断进步的创新文化。一个具备了拼搏、执行、合作、创新文化的营销团队，才能在完成既定的营销任务的同时不断进化。

塑造优秀的团队文化，是为了更好地满足销售队伍的需求。在团队管理中，仅仅以绩效激励去满足团队成员的物质需求是远远不够的，以优秀的团队文化去满足团队成员的精神需求同样至关重要。

如果企业的营销管理能够达成打造一流的营销团队、创造显著的业务绩效、抢占足够的市场份额、塑造优秀的团队文化这四项理想目标，那么企业的营销工作便能以一种最为理想的状态开展，并带动整个企业的运转走向更为理想的状态。

04 领导的心术和治术

关于对“术”的理解，人们历来评价不一、褒贬不一。有些人认为，“术”就是通过阴谋诡计、龌龊伎俩来达成自己的目的；而有些人则认为，“术”是治理国家、统率下属的有效工具。其实，所谓的“术”可以分为两类：一类是心术，即通过个人的道德修养和行为作风去影响人心；一类是治术，即通过权力、策略等引导他人的行为。有心术无治术，“术”就成为满口虚言；而有治术无心术，“术”也就成为了小人得志的工具。

关于对“术”的阐述和运用，可以追溯到我国的春秋战国时期，在百家争鸣的局面下，众多学派之间为各个国家的统治者提供了众多不同的治国、治世之道，而其中影响最为深远的当属儒家思想和法家思想。

以孔子、孟子为代表的儒家思想强调领导的心术，提倡德政、礼治和人治，强调道德感化，认为君主应该达到兼具“仁义礼智信”崇高道德境界，以身作则，才能成为优秀的领导者。

而以韩非子为代表的法家思想则强调的是领导的治术，提倡以法治国，以暴力、策略等不同手段来统驭下属，提出领导者应该采用众端参照、必罚明威、信赏尽能、一听责下、疑诏诡使、挟知而问、倒言反听等手段来控制下属的思想与行为。

在现代企业管理下，对于领导的心术和治术则有了新的时代定义。

领导的心术包含以下十项内容：

● **仁爱：**领导者不能将团队成员视作工作的器械，要学会关心并满足他们的需求。

● **宽容：**领导者要学会容忍下属的失误或错误，并给予他们改正的机会。

● **尊重：**尊重是双向的，领导者给予下属充分的尊重，才能赢得他们的尊重。

● **期望：**有期望才有进步，领导者给予下属充分的期望，他们的潜能才能得以激发。

● **合作：**领导者不能将下属视作自己的附庸，而是最忠诚、最坚实的合作伙伴。

● **沟通：**领导者要勤于沟通、善于沟通，深入了解下属的工作状态和真实想法。

● **服务：**领导者要成为下属的服务者，需要协助下属去完成既定的团队任务。

● **赏识：**领导者要善于发现下属的优点，要坦率地赞扬下属的成绩，时刻给予激励。

● **授权：**领导者要敢于授权、善于授权，在提高效率的同时为下属创造进步的机会。

● **分享：**领导者要乐于分享，团队所达成的任何成果，都是属于所有团队成员的。

领导的治术包含以下四种策略：

● **晓之以理：**

领导者要学会“以理服人”，面对下属犯下的错误不要一味批评，而是要以具备逻辑性的思想和话语使其明理，使其认识到自身的错误，从而达到教诲育人的目的。

● **动之以情：**

领导者要善于用真情打动下属，要与下属建立深厚的情感联系，这样更能在指导下属的行为时避免下属产生对抗心理和叛逆心理等。

● **“诱”之以利：**

团队成员以利益取向决定自己的行为，这并非是不值得赞同的现象。即便个人与团队的愿景高度符合，团队成员还是需要满足个人的物质及精神需求，“诱”之以利就是以各种激励手段去引导下属的行动。

● **“胁”之以威：**

如果能够以理、情、利来实现对下属的正确引导，自然是一种理想的状态，但是在实际的管理工作中，难免需要以硬性的规章制度、惩罚措施等去限制、修正下属的行为，这种权力同样是领导者开展工作的必要保障。

对于领导者来说，“术”在工作实践中是不可或缺的，心术和治术更是缺一不可。领导的心术是本质和根本，领导的治术则是工具和策略。领导者只有做到心术正，才能在使用治术时达成游刃有余、左右逢源的效果。而如果领导者心术不正，即便精通谋略、神机妙算，最终也难免会作茧自缚、自取灭亡。

一位优秀的领导者，必须要注重心术与治术的双重修炼，并在实际工作中平衡、灵活地运用心术和治术。

某公司的营销部门经理将下属小王叫到办公室，厉声批评道：“小王，你这个月的业绩是怎么做的？那么差！连新来的员工都比你的业绩好，今天你必须做出深刻检讨！”

小王委屈地说道：“经理，我每天都要拜访十几个客户，对于每一个客户都没有怠慢，但是这个月客户就是不愿意成交，我也不知道到底怎么了……”

经理听后，语重心长地对他说：“小王，你有拼劲是好的，但是做销售不能蛮干，而是要有方法、懂技巧，既然你现在的工作方法行不通了，你就要想方设法地去调整和改进。这样吧，你下个月再拜访客户后，把详细情况向我汇报，我来给你支支招。”

小王听后，紧张感消除了不少，赶忙向经理致谢。

“不过，”经理又对他说道，“销售人员始终要靠业绩说话，你说是不是？我会尽可能帮助你，但是最主要的还是要看你个人的努力。如果下个月的业绩还没有改善，那么谁也帮不了你了。”

这位营销经理在教育下属时，就做到了恩威并施，心术与治术并用。既用批评、制度等让小王认识到了自己的工作没有做好，又以和蔼、宽容、服务的态度给予了小王鼓励和机会，引导他进行自我提高，这远比盲目地批评和一味地容忍更有助于下属的成长。

领导是一门艺术，而只有兼具了心术和治术的领导力，才能成为一种真正的艺术，才能成为领导者凝聚人心、统率下属的强大力量。

05 巧妇“无米”也“成炊”

我国有句俗语，叫作“巧妇难为无米之炊”。但如今，有人对这句话提出了“质疑”：既然有现成的米，那么煮饭谁不会啊？很多时候没有米才是最大的问题，“有米成炊”还能够称得上是“巧妇”吗？

如果放眼到市场营销领域，这种“有米成炊”“无米不成炊”的现象更是屡见不鲜。许多营销管理者，在企业的产品或品牌具备绝对市场优势的情况下，总是能够取得不错的营销业绩，不过一旦企业的产品或品牌没有绝对优势，与竞争对手不分伯仲时，则往往难以达成理想的营销目标。然而，在激烈的市场竞争中，企业又如何始终保证产品或品牌具备绝对的竞争力呢？如果企业的产品或品牌本身就具备了绝对的市场号召力，那么营销管理者的价值又要如何体现呢？一位真正有智慧、有实力的营销领袖，不能仅仅局限于“有米成炊”，而是要更进一步，做到“无米也成炊”。

有些营销管理者，在营销工作开展得不如意时，总是会抱怨产品不好、人员能力不足等客观因素，但是在真正的营销大师眼中，主观的智慧完全可以扭转客观因素的不利。

买卖无论大小，出售的都是智慧。——卡塞尔

著名的营销大师卡塞尔曾创下了两项吉尼斯销售纪录：一是以1美元造就了好莱坞慈善拍卖会最低成交额；二是以天价纪录出售了废弃的城墙砖。

在越南战争期间，美国好莱坞筹划举办一次募捐晚会，由于当时反战情绪强烈，眼看整个募捐晚会就要以冷场告终。此时，卡塞尔在席间找到一位

女明星，同她进行了一番交流后向现场观众宣布，他现在要拍卖这位美女的一个亲吻，只需要1美元。而这1美元，也成为了现场唯一一次成交。

到了1990年，卡塞尔以德国政府顾问的身份主持拆除了柏林墙，而对于拆除后的废弃柏林墙砖块如何处置，让政府各界都倍感头疼。此时，卡塞尔又提出，将每一块柏林墙砖块都以收藏品的形式向全世界进行公开销售。最终，这些柏林墙砖块进入了全世界200多万个家庭或公司，也创下了城墙砖售价的世界之最。

卡塞尔所主导的这两次营销案例，其客观条件都是相当不利的。在好莱坞拍卖会上，卡塞尔面临的问题是“品牌”不好，在反战情绪下没有与会者愿意响应；而在出售柏林墙砖块时，卡塞尔面临的问题是“产品”不好，柏林墙名声很响，但是废弃的砖块又没有使用价值。但是在这些不利因素下，卡塞尔依然依靠自己的智慧发掘出了有吸引力的“产品”，或是为产品赋予了独特的价值定位，因此完成了原本不可想象的营销任务。

优秀的营销管理者，不是只能在一切客观条件都成熟后才能交出出色的成绩单，而是能够在产品尚未面世之前就能达成交易，能够在产品价值与客户需求不对等的情况下挖掘或赋予其全新的潜在价值。

除了产品和品牌的问题外，营销管理者在搭建营销团队时也同样要做到“无米也成炊”。企业不可能事先组建好一个完美的营销团队交由你去领导，组建团队本身即是管理者的任务。优秀的营销管理者能够充分利用自身的才华、魅力、成绩等吸引优秀人才加入其团队之中，而不是按照死板的标准大海捞针般去搜罗团队成员。

在完全开放、竞争激烈的市场中，一些市场中的热点区域往往会成为营销的“重灾区”。而一个有智慧的营销领袖，则应该学会“无米成炊”，以“无中生有”的技巧，在竞争对手感到无力的地方施展自身的力量，在竞争对手行动之前就展开行动，充分挖掘客户的潜在需求，来开拓出更为广阔的市场空间。

06 会造“势”而非做“事”

在营销信息海量化、营销手段同质化的互联网时代，越来越多的企业为了能够最大限度地吸引潜在消费者的瞩目，达成“以小博大”的营销效果，更倾向于采用事件营销的方式来策划具体的营销活动。

所谓事件营销，就是企业通过策划、组织和利用具有新闻价值、社会影响以及名人效应的人物或事件等，吸引媒体、社会团体和潜在消费者的兴趣与关注，以树立独特的品牌形象，并最终促成产品销售的一种营销技巧。而事件营销，又可以大致分为两种类型：一种是根据固定的、现成的热点事件开展的借势营销；另一种则是由企业主动策划营销热点的造势营销。

一个成功的营销领袖，要能够引领“事件”的发生，而不是等待“事件”的到来，即要学会造势营销，而不能一味地依靠借势营销。

比如，四年一度的奥运会和世界杯，是众多企业纷纷争抢的借势营销热点项目，但如果企业因为各种原因错过了这一营销机会，难道营销领袖就要为此傻傻地等上四年吗？当然不！另一方面，像奥运会、世界杯等固定化的热门盛会，虽然号召力强大，但是也往往面临着竞争激烈、成本较高的问题，最终的营销效果也未必一定能达成预期水平。而如果企业的营销领袖能够巧妙地采用造势营销，不仅有助于控制成本、时机等诸多客观因素，也更容易开展差异化营销竞争。

如今，每年的“双11”已经成为了众多商家全新的营销战场，而在铺天盖地的促销信息下，真正能够吸引人的新鲜“玩法”却很少。不过，在2014

年的“双11”期间，潮流男装gxg.jeans却利用造势营销让消费者耳目一新。

gxg.jeans的造势营销从10月16日便已经展开，当天，一些自媒体达人们纷纷在自己的微博中晒出gxg.jeans送出的雨伞，伞上除了“gxg.jeans双十一下雨就免单”外没有任何信息。这立刻引来了众多网友的热议，“免单是‘脱单’的意思吗？”“还是说凭雨伞可以免费消费？”一时间众说纷纭。

次日，gxg.jeans在官方微博发布公告称：今年“双11”，只要下雨就免单，要和老天爷对赌，用天大的赌注，给你最强烈的惊喜。不过，关于具体的活动内容，官方微博中仍未给予解释。

直到10月22号，在gxg1978天猫旗舰店上，才最终公布了“双11”免单活动的具体玩法：本次互动活动共开放300个“下雨就免单”的名额；在11月1号~10号期间，只要将商品加入购物车，即有机会通过抽奖获取免单名额；获得名额的300名参与者，如果所在地区在“双11”当天下雨，最高可减免1111元，即使没有下雨，也可以获得300元无限制优惠券。

gxg.jeans的“双11下雨免单”活动，尽管不像一些人预想的那样是全民下雨免单，但凭借着前期的悬念营造、势头营造，gxg.jeans的关注度已经得到了极大的提升，不管最终下不下雨，不管最终gxg.jeans花费了多少促销成本，实际上都已经在“双11”营销大战中取得成功了。

不过，需要注意的是，造势不是盲目炒作，而是要保证造势符合积极正面的价值观，符合目标客户群的价值取向，否则，营销造势不仅难以取得预期的效果，甚至还会为企业形象带来负面影响。就以gxg.jeans来说，其目标客户群是20~28岁之间的，追求随性、张扬、爱打扮的潮流青年，因此采用了“下雨就免单”来制作噱头，并首先通过微博展开信息传播，这与目标客户群的心理特征与信息渠道高度符合，这也是其此次营销取得成功的重要因素之一。

在营销时机成熟时，根据明确的营销方案予以执行并不困难，每一个合格的营销管理者都足以胜任。但是，真正成功的营销管理者不能仅仅满足于合格，而是要追求卓越，主动去寻找机会、创造机会。这就要求营销领袖们必须学会营销造势，要能够在营销时机不成熟、不理想的情况下，通过自己的谋略和行动去改变“局势”，使之有利于企业营销的成功开展。

07 善于制造“矛盾”或不平衡

有许多管理者和领导者认为，一个最佳的团队应当是一个团结、和睦、稳定的团队，因此他们心甘情愿地成为“和事佬”，试图让团队中的每一位成员都能在愉快、轻松的环境下开展工作。但是，这种管理风格和领导风格也很容易造成团队“大锅饭”现象，导致团队成员动力不足、竞争力涣散、权责不明确等现象发生，致使团队战斗力下降。一位成功的管理者和领导者，不能总是试图“息事宁人”，而是要善于制造“矛盾”或不平衡。通常，我们将这种在管理工作中“刻意”制造的“矛盾”或不平衡称之为“鲶鱼效应”。

管理学中的“鲶鱼效应”，讲的是由于鲶鱼的存在，使得沙丁鱼的生命力、活力增加，减少了死亡，从而能够获取整体的最大效益。与此类似的还有“狼群效应”，在大草原上的羊群由于没有了狼群这一天敌，反而变得素质下降、繁殖力下降，而拥有天敌的羊群往往生存能力更强。其实，无论是“鲶鱼效应”还是“狼群效应”，都是在强调团队管理中竞争的重要性，一个丝毫不存在“矛盾危机”的团队未必是处于最佳状态，只有保持适度的“紧张感”才能维持团队的活力和创造力。

其实，任何一个团队，随着时间的推移，其内部成员之间由于相互熟悉、相互迁就，很容易就会陷入一种“无矛盾”状态，这种状态表面上看起来很稳定，但实际上却是团队产生惰性、缺乏活力的表现，因此务必需要主动引入“矛盾”来予以改善。

在团队管理中制造“矛盾”或不平衡的最常用手段，莫过于引入外部“空降兵”，即通过引入思想新、能力强的新成员并委以重任，从而为团队制造“压力”。任何有职业道德的团队成员必然有着强烈的职业尊严，当外部“空降兵”降临团队后，那些变得懒散的老成员们为了避免颜面无光，自然要接受新思想，再次努力工作，以免自己被新人所超越。而对于那些能力上已经不太能够满足团队需求的成员们，新人的加入也会使他们面临更大、更明显的压力，他们必须快速提升自我状态或能力，否则就有可能被随时淘汰。

由此可见，通过在团队内部制造“矛盾”或不平衡，是一种激发团队内部各类成员战斗力的有效方式。而一个团队，只有具备了压力和竞争氛围，团队成员才会有紧迫感和危机感，才能焕发进取心，整个团队才能活力常驻。

在本田公司的发展之路上，本田宗一郎就曾根据“鲶鱼效应”进行了人事方面的改革并大获成功。

当时，本田公司销售部经理的观念与公司理念差距过大，其守旧的思想已经严重影响到了整个销售部的工作状态，长此以往整个公司的发展都会受到不良影响。于是，经过周密的计划和长期的努力，本田宗一郎从松和公司将年仅35岁的销售部副经理武太郎挖了过来接任销售部经理。而武太郎在随后的工作中也凭借着自己丰富的营销知识和经营，以及强大的工作毅力和热情，受到了销售部全体成员的一致好评，销售部的活力大幅增强，本田公司的月销售额也直线上升。

自此以后，本田公司每年都会特意从外部聘请一些精明能干、思想先进年轻生力军，有的甚至委以重任，这大幅强化了公司全体的工作活力。

虽然通过引入外部人才能够有效地激发团队的竞争意识，但如果滥用、错用“鲶鱼效应”，也有可能会对团队造成伤害。引入外部人才的根本目的，还是激发团队原有成员的战斗力，而如果频繁、大量地引入外部高端人才，则反而会使团队成员丧失信心，使他们被压力所压垮。另一方面，如果外部人才能力很强，但价值观与企业不符，也有可能在日后对企业发展造成不良影响。因此，在面对能力强、价值观相符的高端人才时，可以将其长期吸纳为团队的一员；而对于能力强但价值观不符的高端人才，则要做到既能“请进来”，又能“请出去”。

无论是团队的成长还是企业的发展，都是在不断解决“主要矛盾”的过程中实现的，一味地规避矛盾绝不是好的管理方法和领导方法。管理者和领导者一定要善于在团队内部制造“矛盾”和不平衡，用时又要引导团队成员去解决这种“矛盾”和不平衡，如此循环往复，从而让整个团队得到动力和能力的双重提升。

08 “量”小无“度”不丈夫

管理者和领导者只有具备了宽容的气度，才能拥有团结众人的力量，并最大限度地发挥人才的能力和积极性。宽容的气度本身即是一种激励方式，同时也是一种管理和领导方式。一个“大度量”的管理者或领导者能够给予下属良性的心理影响，能够使团队成员感到亲切、友好，从而获取心理上的安全感。同时，在管理者和领导者的宽容气度下，团队成员更容易焕发出责任感，他们会试图尽全力回馈管理者和领导者的宽容与期待。

气量过小、无法容忍相左意见的管理者和领导者，其结果不仅仅是会破坏员工的良好心理状态，甚至还会使他们丧失信任感。如果一位团队成员鼓起智慧和勇气向管理者和领导者积极出谋划策后，管理者和领导者却因为与自己观念不符就将其一顿痛批，那么团队成员必然不会再对团队管理者和领导者抱有信任感，也就不会再对整个团队抱有强烈的责任感。

还有一些管理者，对于能力弱于自己的人才能够保持宽容，但是对于能力强于自己的人才却总是会百般刁难，究其原因，无外乎是担心这些高端人才会威胁自己的地位，或者是单纯的嫉妒心作祟。而这样的管理者，必然是一个失败的管理者。管理者的职责是促进整个团队的成长，在这个过程中必然会有优秀人才的脱颖而出，这恰恰是评判管理者成功与否的重要标准。如果一个团队中所有成员的能力都始终赶不上管理者，那么只能说明这位管理者没有达成最佳的工作成果。

作为一名管理者或领导者，拥有了大胸襟、大格局后，自然能够吸引一大批志同道合的伙伴为共同的团队目标而奋斗。同时，作为一名管理者或领导者，能否“放下身段”，以服务者的身份为团队成员提供完成团队目标的必要支持，也是对其胸襟和格局的考验。

在职场中，有些管理者还会遇到这样的问题：自己新官上任，面对的下属都是过去的好朋友、好同事，感觉每个人对自己的态度都变了，经常变着法儿给自己出难题，感到防不胜防、身心俱疲。其实，这是职场管理中一种极为常见的现象，在这种情况下，管理者首先不能过于多疑，不能把下属当成敌人看待，如果不能保持宽容的态度，他们很可能真的成为你的敌人。

在日本企业中，存在这样一种职场潜规则：当企业想要从一群背景、资历、能力、经验都不相上下的竞争者中提拔出一位员工担当团队管理者时，通常会将其他竞争者全部调离原岗位或原部门，以免让新上任的管理者面对平辈下属的尴尬，从而帮助他们顺利开展管理工作。在阶级意识深厚的日本企业中，这种潜规则的存在可能是“无奈之举”，但实际上，这种做法并不真正有利于管理者的自我成长。管理者新官上任，正是考验其度量、胸襟和格局的最佳时刻，面对原来的同事，管理者难免会在工作中感到各种“不适”，也不排除会有一部分心理不平衡的下属给自己“找麻烦”。但管理者必须清楚，领导者与被领导者的区别就在于度量的大小，如果你不能宽容下属，那么就无法成为一名成功的管理者。

管理者要成事，就必须要能够容人，而管理者自身的度量和格局，也直接决定着自己能否容人，以及是否具备吸引一批团队成员的个人魅力。大度量的管理者应当具备如下的用人逻辑：用人所长，天下无不用之人；用人所短，天下无可用之人。不管任何人，即便是能力比我高的人、资历比我深的人、难相处的人、会闯祸的人、城府深的人，只要他具备某项特长，能够为团队做出独特的贡献，我就要包容他，用其长处、避其短处。

当然，管理者学会容人并不是要一味容忍，当下属违背了原则、超越了底线，无法再和谐收场时，管理者也要拿出自己的权力和魄力，将其“请出”团队，即所谓“胁之以威”。

管理者想要具备度量、胸襟和格局，就要学会自我勉励和自我修炼。当遇事不顺、当下属与自己发生冲突时，要学会压抑自己的怒气，通过换位思考理解下属的深层想法，平等地同其进行沟通交流。在空闲时间，管理者可以经常去进行登山、观海、望云等活动，通过接触大自然陶冶自己的情操。也可以多阅读一些心理学书籍、哲学书籍、名人传记等，不断修炼、放大自己的格局 。

如果说人才是团队成长和企业发展的最关键资源，那么聚拢人心的度量就是管理者和领导者的最关键能力。团队中没有敌人，只有战友，这是每一位具备远大格局的管理者和领导者都应该抱持的基本态度。管理者和领导者必须相信，团队成员只是偶尔犯错，并非是给自己找麻烦，只有真正愿意去接纳每一个人，才能够赢得团队全体成员的信任。

09 团队管理的最高境界——信仰管理

宗教信仰可以称得上是人类历史上最为持久和稳定的事物。综观世界三大宗教，佛教至今已有2500多年历史，基督教至今有2000多年历史，伊斯兰教至今有1400多年历史。这些世界著名宗教之所以能够在历史长河中始终存续，自然有其独到之处。而对于那些立志成就百年基业的企业来说，也可以从宗教信仰中获取借鉴。

有一句营销格言如此说道："初级营销做产品，中级营销做品牌，高级营销做文化，终极营销做宗教。"而要真正使企业营销成为"宗教"，首先就需要在团队内部注入坚不可摧的信仰。

一个拥有共同信仰的团队一定是一个杰出的团队，因为团队无论是应对外部环境的适应，还是面对内部资源的整合，一切工作都必须建立在清晰一致的价值体系之下。一个信仰紊乱的团队难以取得出色的成绩，即便取得了一时的成功，也难以长期持续。而从团队放大到整个企业，这一基本法则也同样适用，"宗教般的信仰文化"也成为了世界上众多卓越企业的重要特征之一。比如我们所熟知的苹果公司，就是在乔布斯近乎宗教式的管理和营销策略下取得了辉煌的成就，也在广大粉丝心中树立了一个强大的品牌。

通过信仰管理来开展团队管理工作，是一项既简单又困难的事情——这并非是一种自相矛盾的说法。之所以说简单，是因为团队管理者只要有心去做、用心去做，必然能够取得不同程度的成就；而之所以说困难，是因为许多团队管理者并未真正意识到信仰对于团队管理的实际意义，或是对于信仰反局限于高谈阔论、纸上谈兵，没有与实际的管理工作结合起来。团队中的信仰管理，并不是空谈愿景、空谈理想，而是要建立起一个属于团队的文化体系，搭建一个切实可行的“信仰模型”。

定位团队信仰，首先需要明确团队的目标和使命。团队的建立初衷是什么？团队需要为企业、客户或市场做出哪些贡献？这是团队信仰的大前提，缺乏明确的、实际的团队目标，团队也就毫无信仰可言。之后，团队管理者就需要基于共同的目标和使命，将团队内部的不同价值观统一起来，以求同存异的原则消除团队内部的“不同声音”，让团队全体成员都能够遵循统一的信仰开展行动。

有愿景才有信仰，信仰管理从某种意义上来看也是一种愿景管理，因此团队愿景的设定也会直接影响到信仰管理的效果。信仰一词，可以从两层意义上解释。一是“信”，即相信、可信，团队信仰一定要是真真切切、实实在在的，也能够使团队成员打心底里相信，而那些不切实际的目标无法成为信仰源泉；二是“仰”，即仰望、瞻仰，团队信仰必须要具备一定的前瞻性，要使团队成员愿意为之付出和奋斗，过于渺小的目标同样无法升华为愿景。“信”是“仰”的前提，而“仰”这是“信”的升级，团队只有秉承信仰去行动，才能在不断解决实际问题的过程中提升团队的成绩和信心，也就更能强化团队的信仰，周而复始形成一个螺旋上升的信仰管理机制。

当团队处于一个长期稳定的状态时，一套有效的信仰管理机制能够使团队成员发挥出更加强大的战斗力。但问题在于，在当前复杂的商业环境中，团队所面临的各种客观要素存在不稳定性，因此，那些过于“顽固”的信仰反而会成为变革的阻力。在一个不断变化的商业世界中，团队的信仰管理也必须做到与时俱进，随时融入时代新元素，贴合时代新需求，这样才能够使团队的信仰管理长期发挥积极的导向作用。如果管理者仅仅是将信仰管理作为一种“操控人心”的工具，必然会使团队成员拒绝改变、反对变革，给团队管理带来难以消除的阻力。

因此，团队管理者在运用信仰管理时，必须要敢于和善于对已经成型的团队信仰做出积极的调整和优化，虽然团队信仰的基本原则不应随意改变，但是团队信仰的具体内容和标准，是完全可以根据全新的主客观条件进行针对性改造的，使之能够更加符合时代竞争的需求。

传统的团队管理，遵循的是“标准化管理”原则，而这种“标准化管理”也很容易使团队成员安于现状、失去进取心，逐渐开始排斥改变和提升，失去了成长动力的团队必然会在竞争中被淘汰。优秀的团队管理者必须要学会运用信仰管理这一最高境界的管理方式，要始终为团队成员制定和树立新的信仰目标，领导全体团队成员为信仰而奋斗，一个能够长期做出卓越贡献的团队，必然是一个“信仰型团队”。

第3章

招募人才：让业绩从无到有

企业营销工作的最基本执行单位是人才，企业要想打造一个出色的营销体系，取得非凡的营销业绩，就必须聚拢大量的优秀营销人才。而招聘，正是企业网罗人才的最基本、最常用的方式。每个企业都会开展不同规模的招聘工作，但真正能够做到“高效招聘”的企业却不多。如何界定招聘的原则和标准，如何进行人才的识别和筛选等，都是企业或管理者在招募营销人才时需要思考的问题。

01 营销人才招募的原则

企业中任何部门、任何团队，在招募人才时都必须先明确最为根本的原则，这是企业选择人才的第一道门槛。这些人才的招募原则虽然内容简洁，但往往是一个人才能否胜任某项职位或工作的决定性条件。只有符合招募原则的人才才有“资格”进行更进一步的审核与评估，而对于那些丝毫不符合招募原则的人才应该毫不犹豫地放弃。

那么，具体到企业营销团队中，在招募营销人才时应该坚持哪些基本原则呢？尽管不同企业对于营销人员的能力素质要求不同，但通常，一个合格的营销人员应当具备以下四项素质：

（1）热爱销售

“干一行，爱一行”。当一个人能够真正爱上自己的工作，那么他自然能够在工作中发挥出巨大的能量。相反，如果一个人根本不喜欢自己的工作，只是为了“混口饭吃”，那么他自然不可能取得良好的工作成果。

营销实际上是一个“低门槛”职业，即便没有专业知识和销售经验，也可以成为最基层的销售人员。但同时，营销也是一个“高挫折”职业，任何一个销售人员都要时刻面临着艰巨的销售任务，而在销售过程中又会面临着大量的拒绝和失败。因此，只有真正地热爱销售的人才，才能应对营销任务的挑战，才能百折不挠地在失败中汲取经验教训，不断向着营销目标的达成努力前行。

热爱销售，可以说是一个“营销人”最基本的职业素养。如果一个人根本不喜欢销售，即便他拥有满腹的营销才华，也难以在实际工作中顺利施展，更难以将能力转化为实际的销售业绩。

（2）自信乐观

正因为在营销工作中不可避免地要面临大量的失败经历，因此一个合格的营销人才必须要具备极为强大的抗压能力，要能够在挫折中始终保持自信乐观的心态不动摇。如果一个营销人员被失败的销售经历击垮，对自己失去了信心，那么他也就失去了说服客户的能力。

每一个合格的营销人员都需要认识到，一次成功的营销工作背后可能存在着九十九次失败，客户拒绝约见，客户拒绝成交，有时甚至到了签合同时客户又临时反悔。如果营销人员不能在这些挫折的打击下始终保持自信乐观的心态，那么他们就不可能再去孜孜不倦地拜访客户、说服客户，而一个不愿再行动的营销人员自然也就不可能再拿出成绩。

自信乐观，是营销人才精神力量的体现。只有拥有了坚不可摧的精神，营销人才才能在此基础上去发挥才能、提升自我，去不断地争取成交。

（3）悟性高深

成功销售的基本条件是勤于付出，营销人员只有拿出“跑断腿”的劲头，才能交出优异的成绩单。但营销也不能只凭蛮力，营销智慧同样发挥着重要的作用。优秀的营销人员既要动腿又要动脑，因此具备高深的营销悟性是很重要的。

在营销工作中，营销人员需要同客户“斗智斗勇”，想要成功销售，营销人员必须要寻找或挖掘客户的需求，要应对和消除客户的异议，要深入分析客户每句话背后的真意，这所有的一切，都不是只凭一腔热血便能做成的，而是要勤于动脑。同时，营销技巧的学习应用，营销经验的归纳总结，同样也需要高深的悟性。

悟性高深，是营销人才智慧的象征。一个拥有高深悟性的营销人才，能够更快地提高自身的营销能力，能够在营销工作中充分地发挥创造性，也就更容易取得出色的营销成果。

（4）品行端正

品行端正，不仅仅是一个职业人员应当具备的基本素养，同时还是为人处世最基本的行为准则。如果一个人品行不良，即便其才华横溢、经验老到，也难以取得持续的成功，甚至还会给团队、给企业带来危害。

营销工作是一个同客户交心的过程，营销人员想要同客户成交，想要同客户建立长期合作的稳定关系，最佳的方式就是赢得客户的信任和喜爱，成为客户的“好友”。而要达成这一目标，营销人员必须具备端正的品行，一个品行不良的营销人员，一个总是对客户百般欺瞒的营销人员，客户又怎么可能对其敞开心扉呢?

品行端正，是营销人才最基本的人格素养。一个品行不良的营销人员无法赢得客户的心，自然也难以促成成交。即便使用一些“欺上瞒下”的方法达成了销售任务，可能也会损害同客户的关系，或损害企业的形象和信誉。

以上四项素质，是每一位营销人才都必须具备的，也是企业在招募营销人才时必须始终坚持不动摇的基本原则。也许不是每一位营销人才在一开始就能在这四项素质上达到优秀的等级，但企业也需要确保其具备较强的可塑性，在后续工作中积极地予以培养，使营销人才能够迅速成长为企业营销的中坚力量。

02 人才的三个“匹配”

营销人才的招募原则，是任何一个企业在选择营销人才时都需要遵循的基本条件。而具体到每一个企业中，由于所处行业环境不同、企业营销目标不同、营销职位要求不同，在选择具体的营销人才时还需要具备极高的“匹配度”，以保证营销人才能够适才发挥，为企业的营销团队和营销工作带来良性的化学反应。

通常，企业在招募人才时需要达成三个“匹配”，即价值观匹配、性格匹配和能力匹配。而在营销团队中，这三个“匹配”又表现在哪些内容上呢?

（1）价值观匹配

价值观匹配是营销人才匹配的第一要务。有一些管理者认为，人才价值观是否能和团队价值观或企业价值观保持一致并非是选择人才的重要标准，只要他有能力完成目标任务即可。这种观点大错特错，因为，如果一个人无法认同团队价值观，那么他就难以对团队任务抱有强烈的使命感，也就不具备强大的精神力量去挑战艰难的营销目标，即便其能力很强，但是在实际工作中也往往会“打折扣”，甚至连正常水平都无法发挥出来。

也有一些管理者认为，人才价值观不符可以在实际工作中不断磨合，使之与团队价值观趋于统一。但是，价值观的“矫正”绝非易事，一种业已形成的价值观很难在工作中予以改变，特别是人才价值观与企业价值观相悖时，可能永远也无法达成“共识”。

选择价值观相匹配的营销人才，就是要确保其能够认同企业的产品和品牌，认同企业的销售目标，如果销售人员没有打心底里认为企业的产品能够为客户、为市场提供独特的价值，他又怎么能“千方百计”地去说服客户、开拓市场呢？销售人员想要说服客户，就要先“说服”自己，对企业产品和品牌产生强烈的认同感，这是成功而持续开展销售工作的基础。

（2）性格匹配

性格匹配也是选择营销人才的重要指标，做营销毕竟不是在搞科研，对于许多营销岗位来说，销售人员的能力、知识、经验都不是决定性的，销售人员的性格可能才是决定其销售能力和销售潜力的最大因素。销售的能力、知识、经验都可以不断积累、不断培养，但是性格却不是短期内可以轻易改变的，甚至会伴随人的一生。如果一个人性格腼腆、内向、不善言辞，那么他根本不可能胜任营销工作。

此外，营销团队成员的性格配合也是在选择营销人才时需要慎重考虑的问题，要确保团队内部有多种不同性格特征的营销人才以确保能够在工作上形成配合，胜任不同的营销任务。比如，喜欢挑战、有冒险精神的成员，办事稳重、任劳任怨的成员，开朗随和、能够活跃气氛的成员，等等。团队成员性格搭配越是合理，团队的氛围和凝聚力也就越好，也更容易开展各类营销工作。如果团队成员性格过于同质化，很容易在工作中产生争端和偏颇。

（3）能力匹配

无论胜任何种工作，都需要具备一定的能力，能力匹配是企业在选择营销人才时不可忽视的一环。可能对于基层销售岗位来说，对任职者的能力并没有硬性的要求，只要有心，任何人都能胜任销售工作。但是，也同样存在大量的销售岗位，需要专业性的人才才能够胜任，比如市场调研分析、营销活动策划等，不是仅凭一腔热血便能够顺利完成的，相应的知识和经验必不可少。

而具体到每一个企业中，由于各个企业的市场地位不同、营销目标不同，其对于营销人才的能力要求也有较大的差异。一些行业中的领头羊企业，其营销规模大、营销体系较专业，对于营销人才的能力要求也就比较高。而一些行业中的新兴企业，由于自身实力匮乏且缺乏充足的经验，可能更看重营销人才的拼搏精神而非能力。

所以，能力上的匹配并不是要一味地寻找高端营销人才，企业应该根据自身的营销目标和特点，根据不同的营销岗位需求来选择能力相适应的营销人才。

在选择营销人才时做好价值观、性格和能力的匹配工作，从一开始就选择最适合企业的人才，这是开展高效招聘的重要方法。企业在招募人才时，不能抱着“先招进来再说”的想法，也不能完全寄望于企业培训系统去后天培育人才。一个人其实是很难改变的，每个人都有其独特的天赋和优势，一个“定型”的人才不是能够轻易重塑的，与其去花费大量时间和精力改变一个人，还不如从一开始就选对人，这能够为营销团队的建设免去许多不必要的麻烦或开支。

03 营销人才招聘的标准

实施高效招聘的前提是打造标准化的招聘体系，即根据企业的招聘需求制定一套清晰、明确、可衡量的招聘标准，最大限度地消除招聘人员的主观因素影响，使人才招聘回归真实、客观。

根据招聘标准选择相应的人才，能够在招聘环节中免除许多不确定因素，通过将应聘者的信息一一对号入座，便能直观地判断出应聘者能否满足企业招聘需求，是不是企业所需要的人才。而且，通过标准化招聘方法，能够从源头上把控人才的基本素质，在很大程度上避免了人才上岗后出现不胜任、不合格的现象。

招聘标准的制定要坚持两大原则：一是全面详细，考察的标准细则越是详尽，对人才的剖析也就越透彻，也就更能保证人才质量；二是可衡量性，无法衡量的标准是不确定、不准确的，其参考价值也就大打折扣，这会对人才的综合评价产生错误导向。

那么，企业营销人才的招聘标准，应该包含哪些需要考察的具体内容呢？

（1）基础素质标准

基础素质标准是对营销人才各项最基本条件的考察，包括外在形象、整体气质、年龄、沟通能力、性格特征等。

比如，企业在招聘基层销售人员时，招聘标准就可以按照如下描述：招聘销售人员，要求五官端正、谈吐清晰、吃苦耐劳、有自信心，年龄25—45岁之间。以上这些招聘标准所涉及的内容，可说是对销售人员最基本的要求，而具体的限制条件则可以根据企业自身的需求予以调整。

此外，企业在制定招聘标准时，最好能够同岗位的具体工作和职责结合起来，从实际工作需要的角度出发来明确该岗位究竟需要怎样的人才。

（2）岗位资格标准

岗位资格标准是对营销人才能否胜任某一职务或具体的营销任务进行能力、经验上的考察，包括销售技巧、销售经验以及其他特殊型技能等。

比如，企业在销售新产品时，就需要营销人员要具备开发新市场、新客户的能力，而不能仅仅局限在维护关系的层面上。再比如，企业在面向企业客户、集团客户开展销售工作时，也需要营销人员具备更出众的形象气质、学识经验等。

此外，在一些特殊的销售环境和销售任务下，对于营销人员可能还有额外的要求。比如，当产品要在海外市场展开销售时，营销人员就必须对海外市场有所了解，能够用外语顺畅地和当地厂商进行交流等。

不同的销售岗位、不同的销售任务对于岗位资格素质的要求存在很大的差异，企业必须始终坚持“最低胜任力”标准筛选人才，对于资质不达标的营销人才务必不能将其安排在不适合的岗位上。

（3）行为导向标准

行为导向标准是指营销人员在日常工作中的思考方式和行为习惯等，该标准并非是在选择营销人才时的硬性标准，但是却在很大程度上决定着营销人才的工作效率和工作潜力。

通常，一个优秀的营销人才应当具备以下五种行为导向：始终以目标为导向，对于工作时间不斤斤计较；从不压抑自己的想法，乐于且善于同他人沟通和分享；经常对自己进行成功暗示，遭遇挫折不轻易妥协和屈服；热爱学习和乐于吸纳新事物，拥有广博的知识面；擅长察言观色，注重人际关系的和谐。

这些行为导向标准，可以说是营销人才的“附加值”，也是决定一名营销人才是合格的营销人才还是卓越的营销人才的重要因素。所以，在其他条件相当的情况下，企业应当优先选择拥有更佳销售行为导向的人才。

在借助基础素质标准、任职资格标准、行为导向标准选择营销人才时，应当坚持环环相扣的原则，在上一项素质达标后再进行下一项素质的考察。如果营销人才的基础素质不合标准，那么就必须“一票否决”；如果营销人才的基础素质符合标准，任职资格不符合标准，则可以酌情调换岗位；而如果基础素质和任职资格符合标准，但行为导向不合标准时，则可以根据人才资源状况决定是不予录用或是后续培养。

04 招聘会如何吸引人才

招聘会是大批量连接企业和人才的重要接口，对于企业来说也是一种极为重要和常用的招聘方式。而在招聘会上，不仅人才与人才之间需要为了某一职位展开竞争，企业与企业之间同样也需要为了某一人才而展开竞争，坐等人才“找上门”绝不是企业参与招聘会的好方式，企业必须要学会在招聘会中吸引人才的目光，追到如意的人才。

有一些企业的招聘人员在代表企业参加招聘会时，总认为自己需要做的就是展示企业信息和职位信息，然后等着应聘者交出简历，再根据招聘标准一一筛选即可。但是，由于招聘会现场往往人数众多、场面混乱，这种“守株待兔”式的工作方式很难保证能够充分接触到潜在人才，因此，为了更有效地完成招聘任务，招聘人员在招聘会上必须学会以“招聘八步法”主动出击。

（1）一看

“看”就是在正式接触目标人才前，根据外在的第一印象对人才进行初步的判断。虽然我们常说选人才不能“以貌取人”，但是第一印象在招聘时也具备很大的价值。假如一个人蓬头垢面、不修边幅、没精打采，且不说他能否胜任其他工作，但至少他无法成为一个出色的营销人员，招聘人员完全可以只凭“看”就做出初步判断。相反，如果一个人打扮得体、自信满满，无论他是否愿意做营销工作，无论他是否具备营销能力，招聘人员至少有去试一试的价值。

（2）二上

“上”就是招聘人员主动与目标人才接洽并邀请对方了解企业的招聘信息。许多招聘人员认为，人才不主动找上门来，说明他对招聘的岗位没有兴趣，不是企业真正需要的人才。但实际上，有很多人才可能是由于招聘会现场过于“混乱”而错过了了解企业的机会。因此，招聘人员对于第一印象较好的人才，完全可以主动上前跟对方打招呼，主动地招募人才。

（3）三讲

“讲”就是向目标人才描述企业的基本信息、招聘岗位的基本信息等，让人才对企业状况和岗位职责等有一个充分的了解，打通双方的信息渠道。“讲”不仅仅只是为了向人才传递一些必要的信息，同时也是为了在这一过程中展示企业和职位的魅力，从而让人才产生兴趣和尝试的想法。

（4）四留

“留”就是当人才在了解信息后反响不热烈、没有产生明显的兴趣时，招聘人员要设法挽留，通过更详尽的介绍去说服人才。招聘人员在开展招聘工作时，必须要放下身段，要以企业服务者和人才服务者的身份去追求人才，而不能摆出一副“爱来不来”的做派。由于应聘目标、接触信息等众多因素的影响，人才未必能够与企业“一拍即合”，而招聘人员多一次挽留也就多了一次赢得人才的机会。

（5）五追

“追”就是当人才没有产生应聘意向后，招聘人员要持续追击，不要断绝与人才的联系。当人才表示需要考虑或是表露明显的拒绝意向后，招聘人员也不要轻易地将人才“放跑”，一定要留下人才的多种联系方式，方便日后进一步联络、追踪。

（6）六访

“访”就是在招聘会结束后，主动访问尚在犹豫中的人才，与其积极地接洽。招聘人员最好能够通过电话进行访问，一来效率比较高，二来显得较为正式。而对于要全力争取的高端人才，在条件允许的情况下还可以上门访问，不仅能够更深入地交流，也能展现出对人才的重视态度。

（7）七试

“试”就是通过面试、笔试等一系列现场测试方法检验人才能否胜任岗位工作，能否同岗位任务相匹配等。无论人才的简历多么出众，都不能免除测试环节，面试和笔试不仅仅是在检验人才的知识水平，同时也是在检验其临场发挥能力。而对于一些有条件的企业，还可以采用“实地测试”的方法，通过让人才去完成某一营销任务来检验其实际工作能力。

（8）八谈

“谈”就是通过约谈的形式为人才答疑解惑，消除他们的后顾之忧。任何人才在进入一个新环境、新岗位时，都必然会有所不安，包括工作中可能遇到的问题、职位的发展前景等，这些都需要招聘人员予以集中解答，消除人才的后顾之忧。

“招聘八步法”是企业招聘人员通过招聘会进行现场招聘时，用以接触人才、了解人才、说服人才的系统化工作方法。在实际上操作过程中，招聘人员可能不需要运用全部环节，可以根据实际情况省略、调整某些环节，以高效地吸引人才。

05 人才市场如何成功招聘

人才市场又称人力资源市场、劳动力市场、招聘市场等，作为人才信息的“大熔炉”，人才市场也是企业获取人才信息、筛选优秀人才的重要渠道之一。那么，在没有固定的规则和流程的人才市场中，企业要如何才能从中成功招聘到人才呢?

要想在人才市场中成功招聘，首先应该明确何为成功招聘。人才市场是一个面向所有企业的开放性市场，但并非每一个企业都能从中“满载而归”，有些企业在人才市场中忙活了半天，但最终的效果却不是很理想。通常，在人才市场中的成功招聘应该具备以下四种特征:

（1）优先招聘有潜质而非有经验的人才

“具备XX年以上相关行业经验”几乎已经成为了企业招聘信息中的“标配”，而这短短的一句话可能就会将大量优秀人才拒之门外。企业在招聘时总是觉得，有经验的人才上手更快、工作效果更好，但经验也不是万能的，如果人才潜质不佳，即便他有着丰富的经验，可能也会碌碌无为。如果企业能够找到既有潜质又有经验的人才，自然是一种理想状况，但任何时候都不应该因为缺乏经验而将具备极佳潜质的人才排除在招聘目标之外。

（2）切实地贯彻“三光政策”

所谓贯彻“三光政策”，就是收“光”场内应聘者的简历，用“光”适合企业发展的人才，以及挖 “光” 场内竞争对手的人才。虽有些理想主义色彩，但可以作为努力奋斗的目标。总之，就是不轻易放弃任何一个有特长、有潜力的人才。无论是不是营销专业出身，无论有没有做过营销相关工作，只要人才在能力、性格上有任何一点适合做营销，那么就应该将其纳入候选人范围内，一层层地进行筛选。人才市场招聘本身就是一项大海捞针似的工作，人才候选人队伍越大，成功招聘的概率自然也就越高。

（3）让招聘过程成为岗前培训过程

高效的企业招聘不会只将招聘作为挑选人才的过程，还会将岗前培训工作融入其中。通过双向的信息沟通，企业不仅要获取人才的详细信息，也应当将企业以及职位的详细信息传递给目标人才，让他们在被录取之前就充分地了解到岗位职责、工作内容和流程等，这实际上是一个快捷且有效的岗前培训过程。

（4）全面渗透“信任”的力量

人才市场招聘是一个传递信任的过程，不仅企业要信任人才的能力和潜力，也要让人才去信任企业的实力和资质。在这种信任力量的全面渗透下，企业与人才之间才能更好地进行双向选择，从而达成最佳的匹配度。

而要在人才市场中达成具备以上四项特征的成功招聘，企业还应当在以下六项环节上下足功夫。

①营造最具吸引力的招聘氛围

企业的招聘氛围越是热烈，对于人才的吸引力也就越高，才能使大量优秀人才“趋之若鹜”，包括企业的招聘宣传力度、招聘内容设计在内，都是吸引人才关注的有效方式。

②最大限度搜集简历数量

每多搜集一份简历，就等于多获取了一位潜在人才信息。企业不要因为招聘人数的限制而对简历数量设限，如果没有充足的简历资源，很有可能在最后面临无人可选的困境。

③最大限度增加面试人才数量

面试是全面、深入了解人才的最佳方式，但同时，面试也会消耗掉大量的招聘时间，有许多企业为了招聘的效率，总是试图在面试环节前淘汰大量候选人，以保证面试环节能够很快完成，但这样也会使企业错过许多了解人才的机会。企业应当在时间和精力允许的范围内，最大限度地增加面试的名额，并尽可能对每一位潜在人才做出全面准确的评估。

④准备最隆重的面试现场

面试现场可以说是企业的“门面”，面试现场越是正规、严谨，人才也会越发感到该企业是一家正规、严谨的企业，这能够为人才留下良好的企业印象。如果面试现场混乱不堪、卫生不良，自然不会给人才留下好印象。

⑤进行最充分的企业实力和人才成长通道展示

企业不要错过任何一个向人才展示自我的机会，特别是企业实力和人才成长通道。企业实力展示的是企业的未来发展前景，一个有前景的企业才更有吸引力；而人才成长通道展示的则是个人的未来发展前景，每一个人才肯定都希望自己能够不断提高，获得物质和精神上的满足。

⑥制定最科学客观的人才选择标准

制定最科学客观的人才选择标准，不仅是对企业负责，同时也是对人才负责。一个拥有明确招聘标准的企业，能够让人才清楚地看到自己是否能够胜任岗位，自己应聘成功/失败的具体原因是什么，这自然能够让人才感到信服。

人才市场的成功招聘，绝不是一项简单的工作，为了能够在众多企业中脱颖而出，最大限度地吸引优秀人才，企业必须动用最强的招聘力度，以最为系统化的招聘方案有条理地在人才市场中进行招聘，如此才有可能在人才市场中达成最为理想的招聘效果。

06 网络招聘的技巧

随着互联网在各个领域中的普及应用，企业的人才招聘也开始从线下走到线上，网络招聘正在成为企业全新的人才获取渠道。如果能够利用好网络招聘，不仅能够更好地满足企业的人才需求，也可以借此宣传企业形象。不过，由于在网络上接触到的信息“鱼龙混杂”，许多企业发现通过网络招聘寻找到的人才良莠不齐，结果往往让人大失所望。

难道网络招聘真的无法成为企业招聘的有效渠道吗？当然不是。只要掌握了正确的网络招聘技巧，线上招聘一定能够成为一种低成本、高效率的人才招聘方式。企业想要做好网络招聘，就需要关注以下几项细节问题：

（1）慎重地选择和使用网络招聘平台

网络招聘，通常都是以招聘平台作为求职者和用人单位之间的“信息中介”，因此，招聘平台的特点和实力将直接影响到企业所能接触到的人才信息以及最终的招聘效果。

那么，在选择招聘平台时有哪些规律可循呢？通常，如果企业的人才需求量在千人以下，选择一个大规模的招聘平台便足以满足招聘需求。如果企业主要立足于当地，那么可以选择一些本地城市服务为主的招聘平台，这样性价比更高。此外，企业还可以向平台付费以获取增值服务，比如将招聘信息刷新到首页、获取推荐认证等，这些都能够在不同程度上提升招聘效果。

（2）职位描述要清晰规范

在选择了合适的招聘平台后，接下来自然就需要发布招聘信息。有许多企业在网上发布的招聘信息往往描述得极不规范，对于用人标准没有明确的规定。这种过于简单的职位描述，很容易吸引大量“垃圾简历”，而一些高素质人才也往往对此没有信任感。

一个清晰规范的职位描述应该包含两部分内容：第一部分是职位职责，即该职位具体需要从事哪些工作；第二部分是任职资格，即应聘者需要满足哪些具体条件才能胜任该职位。特别是对于任职资格的描述，一定不能模棱两可，包括年龄、性别、学历、技能、工作经验等要求，都要讲清楚，要能够让应聘者根据自身的实际情况对号入座，这能够使企业最大限度地接触到符合企业用人需求的人才。

（3）招聘职位要有针对性

网络招聘一定要有针对性，不要把招聘平台当成超市，把所有的招聘信息都摆在上面。如果企业大量招聘多个部门的人员，很容易给应聘者留下“企业人员流动大”“企业留不住人才”的不良印象，这会使他们缺乏安全感。

所以，企业在招聘平台上发布职位信息时，最好不要在一个固定的周期内发布10个以上的职位信息。如果招聘信息发布了一个多月都没有找到合适的人才，那么就需要考虑修订职位信息描述和招聘渠道了。

（4）对应聘者要及时反馈

企业招聘，是一种对人才的争夺，对于应聘者的反馈快一步，往往就能够先竞争对手一步。有些企业认为，应聘者那么多，根本用不着着急，等到搜集到足够多的简历后再进行统一的筛选面试也不迟。但是在等待的过程中，优秀人才可能就被那些行动迅速的企业给挖走了。

而且，快速与应聘者取得联系，也能给他们留下良好的印象，这会让应聘者感觉企业的办事效率很高，对人才很重视。所以，企业在收到合适的候选人简历后，应当在第一时间就进行筛选，选定目标人才后马上与其进行电话联系，并在电话中进行简单的面试。如果各方面条件符合，则尽快安排正式的面试，在面试合格决定录用后，也要第一时间通知应聘者并安排入职，这样不仅能够加快招聘效率，也能避免人才“临时反悔”。

（5）线上与线下招聘渠道相配合

网络招聘确实是一种便捷的、低成本的招聘渠道，但是该渠道也不是十全十美的，如果企业过于依赖网络招聘，而忽视了其他招聘方式，最终的招聘效果可能也会不如人意。

所以，一个拥有成熟招聘系统的企业，要充分地利用线上和线下多种招聘渠道，这样不仅能够接触到更多的人才信息，也能通过不同的方式对人才产生更深入、更准确的了解，确保招聘工作的有效性。

对于身处互联网时代的企业来说，拒绝网络招聘就是在拒绝一种便利的工具。但是企业在应用网络招聘时，也不能过于粗放地将线下招聘的思维模式生硬地搬到线上。根据网络招聘的特点调整招聘流程和模式，关注网络招聘细节工作，这样才能使网络招聘渠道真正成为企业招聘的有力武器。

07 面试是选人的最后一道关卡

人才简历中所展示的信息，有很大的局限性，虽然企业可以从中了解到人才的年龄、学历、工作经历等基本信息，但对于一些更深层次的信息就无法进行挖掘，特别是沟通能力、心理素质等对营销人员来说至关重要的能力，很难从简历中察知一二。因此，面试这种对人才进行当面评估和筛选的招聘方式，在招聘营销人才时是一道核心关卡。

几乎所有的企业都会在不同程度上运用面试来选择人才，但是许多企业的面试过程流于形式，开展得极不专业，最终的效果自然也就很差。

成功的面试始于专业，而专业性又源自于细节，一些面试细节的改善能够明显改善面试效果。比如在接待面试者时，应该表现出热烈的欢迎之情，在面试者等待过程中，可以递上一杯热水，表现出对人才的关怀。应该选择一个封闭的、安静的环境作为面试现场，这样更有利于双方之间的交流。不要只采用单一的面试技术，可以将面试、笔试、情景模拟、心理测试等形式组合运用，以全面评估面试者的综合素质。在面试之前，必须确定一套严明的评估机制，在面试中根据事先确定的标准对面试者进行“打分”，而不是仅仅凭借经验去评估和选择人才。

专业的面试，应该尽可能选择结构化面试或半结构化面试的方式，将面试流程固定化，以标准化、专业化的操作方式一步步展开面试工作。

通常，一套完整、有序的面试程序应该涵盖以下步骤：

①招聘人员根据简历进行初选，符合条件的列入面试名单，不符合条件

的直接予以淘汰；

②将面试名单上报人力资源部门进行审核，再根据最终面试名单一一通知候选人面试的时间、地点等事项；

③组建面试小组，一般由人力资源部门和招聘岗位的部门领导构成，并制定出详细的面试内容和面试评估细则；

④面试开始后，由人力资源部门经理对面试者的能力、性格、价值观、综合素质等进行考核评估，并根据评估结果决定是直接淘汰还是由部门领导进一步考核；

⑤进入复试环节的面试者，有部门领导对其岗位技能水平进行考核，基层人员可由部门主管面试，主管级人员则由部门经理面试，经理级人员则由总监进行面试；

⑥对于通过了初试和复试的面试者，可以对其开展背景调查，如果调查结果与面试者提供或描述的信息严重不符，或者在道德、人品方面存在巨大问题的，可以直接予以淘汰；

⑦对于通过以上考核的面试人员可参与最终面试环节，并由人力资源部门整合面试资料，通知最终面试的时间和地点等；

⑧在最终面试环节结束后，由人力资源部门对面试结果进行汇总，招聘小组成员共同选择合适的人才并制成拟录用者名单进行报批。

一场成功的面试就是要在三个环节做到专业：一是细节专业，从小处入手给人才留下良好的第一印象，赢得人才的心；二是流程专业，以结构化或半结构化的完整面试流程对人才进行全面审核；三是标准专业，制定详尽、有依据、可衡量的人才评分机制，对每一位人才做出最准确的评价。

面试，作为是否决定录用人才、如何选择人才的最后一道招聘关卡，面试的质量直接决定着招聘的质量。如果面试不专业，面试结果偏差太大，不仅会白白地浪费时间与精力，还会使企业错过许多优秀的人才。而通过科学、严格、客观的面试，一方面能够保证企业在众多的候选人中找到最优秀、最适合企业的人才，另一方面也使招聘到的人才能够迅速地在对应岗位上发光发热。

第4章

用文化激发团队战斗力

通过人才招募组建一支出色的营销团队，这只是企业营销工作开展的基础条件，之后还需要借助一套卓有成效的经营机制去激发团队战斗力，实现营销团队“从有到优”。而经营好团队的重点就是经营好文化，以卓越的团队文化为团队注入最强大的精神力量，让团队中的每一位成员能够始终以最饱满的精神、最良好的状态投入到营销工作中，成为一支坚不可摧的“铁军”。

01 成功不是干出来的，是逼出来的

任何一个成功的营销人员，都是被“逼”出来的，营销人员只有把自己“逼”得更紧一些，才能离成功更近一步。有许多营销人员认为自己每天都埋头苦干，已经把自己全部的能力都发挥出来了，但其实不然。每个人都有惰性，如果不把自己逼紧一些，就无法真正地将自己的潜能发挥出来。很多时候，你不逼自己一把，根本无法想象自己能有多么优秀，营销人员必须要敢于挑战极限，主动去寻求挑战，寻求更高的目标，要学会在磨炼中提高自我。

绝大多数的营销工作并没有捷径可走，所谓的营销秘诀总结起来不过是三句话：一表人才、两套西装、三双皮鞋；腿勤、腰软、嘴甜；脸皮“厚”、嘴皮厚、脚皮厚。

一表人才、两套西装、三双皮鞋就是要时刻注重仪表和气质，注重着装整洁、得体，随时向客户展现最佳的销售形象；腿勤、腰软、嘴甜就是要懂得去“讨好”客户，在客户需要的时候及时出现，在客户生气的时候能鞠躬致歉，在于客户交流中要“投其所好”； 脸皮“厚”、嘴皮厚、脚皮厚就是要能吃苦耐劳、不畏挫折，要在客户拒绝的时候持续拜访，要不断地去说服客户。

有些人对销售存有“恐惧感”，他们不习惯与客户进行面对面的交流，不习惯向客户推销东西，更不习惯面对和应对客户的拒绝。如果这时候选择了放弃，那么你就彻底失败了，但如果能够“逼迫”自己再进一步，再坚持

努力一下，你的“营销细胞”可能会就此打开。

《穷爸爸富爸爸》的作者罗伯特·清崎先生曾在书中分享了这么一段经历：他年轻时曾经在施乐公司担任过销售人员，他负责的第一项工作就是销售打印机。当时打印机是个新鲜事物，市场需求也很强烈，但由于当时清崎先生并不善言谈，每次向客户推销都面红耳赤、吞吞吐吐，所以销售业绩很不理想。他也曾想过自己并不适合做销售，想要放弃，但最终还是决定再努力试一试。于是，他比之前拜访更多的客户，说更多的话，即便在销售时的表现不好也并不气馁，在不断的锻炼之下他终于能够驾轻就熟地向客户推销，销售业绩也逐月攀升。

有些人在销售工作中遭遇挫折后——可能仅仅是一两次小挫折——就会自我怀疑、自我放弃，认为自己不适合销售工作。但实际上，销售工作并没有绝对的适合与不适合，可能一些善于言辞的人能够很快地适应销售工作，但一些不善言辞的人只要坚持不懈地锻炼，也同样有可能成长为销售大师。面对销售工作中的挫折，在选择放弃之前先扪心自问，自己是否真的已经竭尽全力地去做了，是否真的已经尝试完所有的方法了，只要还有一丝可能性，就应该逼迫自己再去拼一次。

营销的成功源自于积累，无论是销售的话术和技巧，还是稳定优质的客户资源，都是销售人员凭借自身的努力不断积累的。而很多时候，你只有学会逼迫自己，才能打消一些无谓的借口，才能发挥最大限度的努力。

某公司的销售代表在分享自己的成功经验时说道，自己并没有特别的销售技巧，只不过拥有一个庞大的客户群。而在被问到他是如何积累客户时，这名销售代表说：“我做的都是些‘微不足道’的小事，但我从未停歇和怠慢。我每天都会给成交后的客户打电话，询问相关的项目进展，挖掘客户更深层的需要；我会常年与50个左右的潜在客户保持互动联络，特别是过去一年内对我的生意有帮助的客户；在节日时我会给每一个重要客户寄贺卡，抓住每一次寒暄的机会。”

很多时候，你在销售过程中所做出的努力不会立刻就显现出效果，但只要不断逼自己坚持下去，工作中的量变必然会带来质变，销售之路也会就此柳暗花明。

能够踏踏实实、按部就班地投入工作中，自然是一种不错的工作状态，但是对于需要不断提升、不断挑战的营销工作来说，这是远远不够的。营销人员只有不断地逼迫自己，才能随时发挥最大的工作潜力，整个营销团队才能以超水平的状态迎来成功。

02 在团队中创造一种氛围

团队氛围又称组织氛围，是存在于团队之中的一种工作气氛和状态。团队氛围是团队文化的重要组成部分，也是团队文化建设的重要内容之一。良好的团队氛围能够激发团队成员的工作积极性和创造力；相反，沉闷的团队氛围不仅会使团队成员感到压抑，也会使团队成员难以发挥正常的工作水平。特别是对工作激情有着极高要求的营销团队中，团队氛围的好坏更是会直接影响到团队整体的营销能力和营销成绩。

那么，在营销团队中，一种良好的团队氛围应该包含哪些内容，具备哪些特征呢?

（1）竞争氛围

竞争氛围不是鼓励团队成员对立，而是一种最基本的激励形态。在团队中，需要奖优惩劣，成绩优秀的成员应当得到物质上的奖励或职位上的升迁，成绩不达标的成员则要面临着扣除工资甚至开除团队的惩罚，这就是一种最基本的团队竞争状态。

竞争氛围是保证团队工作效率和成长动力的根本，如果团队中不存在竞争氛围，那么能力强的成员就不会愿意全力以赴，能力差的成员也不会努力提升自我，长此以往整个团队便会陷入一种“吃大锅饭”的状态，整个团队就会失去战斗力和竞争力。

同时，团队中的竞争氛围应该是良性的，要在完全公平的状态下让团队成员自由竞争，这才不至于使团队成员在恶性竞争氛围下陷入“钩心斗角”的状态，破坏团队凝聚力。

（2）职场氛围

职场氛围即职业氛围，只有职业，才能专业。团队中的职场氛围能够使每一个团队成员迅速进入工作状态，“马力全开”地开展每天的具体工作。假如一个团队，成员每天都无法准时上班，上班后还总是喝茶、闲聊，这样的团队自然毫无效率可言。

职场氛围源自于两个方面，一是团队成员的职业态度，如果全体成员都拥有良好的职业态度，能够自觉地投入工作中，职场氛围能够自然而然地形成；二是团队制度，通过严明的制度、严格的管理也能够有效地引导、限制团队成员的行为，唤醒其职业态度，这是职场氛围的有力保障。

（3）学习氛围

一个不愿学习、不会学习的团队无法成为一支成长团队，而一个止步不前的团队必然会在竞争中被淘汰。学习氛围与竞争氛围是相互联系、相互影响的，团队成员进行学习是为了更好地进行内部竞争，而整个团队进行学习则是为了更好地应对外部竞争，一个竞争氛围浓厚的团队，就更容易营造出学习氛围。

团队学习氛围的营造，需要从主客观两方面进行。在主观上，要为团队成员灌输学习意识，提高其学习意愿，让他们明白这既是为团队学习，也是为自己学习；在客观上，要创造便利的学习环境，为团队成员提供充足的学习资料，给予团队成员一定的学习时间和空间，让整个团队爱上学习。

（4）融洽氛围

融洽氛围是一个稳定团队最基本的状态，如果一个团队内部不融洽，团队成员之间无法和谐相处，那么不仅会使团队在工作中阻碍重重，也会加大团队成员的流失率。团队合作是发挥团队战斗力的最主要形式，而融洽氛围则是团队合作开展的基础，一个不融洽的团队是难以开展合作的，即便开展了也会在整个过程中磕磕绊绊。

融洽氛围与竞争氛围并非相互矛盾，鼓励融洽也不是要消灭竞争。在工作中，即便团队成员之间存在着竞争关系，也不应该影响他们彼此互帮互助，要始终将团队目标的实现作为第一要务。

（5）情感氛围

一个拥有强大凝聚力和战斗力的团队，不能只强调工作氛围，情感氛围的营造同样重要。如果团队成员之间仅仅是职场上的同事关系，那么团队氛围就难以提升到一个更高的境界，整个团队的潜力也难以真正地被激发。

特别是在互联网时代下，团队管理越来越讲究扁平化、人性化，应该将更多的“社交”元素融入到团队氛围中，让团队成员之间既成为工作上的好战友，也能成为生活中的好朋友，互敬互爱，营造出更加和谐美满的团队氛围。

团队氛围是看不见、摸不着的，但是可以肯定的是，团队氛围是在团队成员之间的不断交流和互动中逐渐形成的，没有团队成员之间的交流和互动，氛围也就无从谈起，而团队的规则、制度等更多的只是起到引导和保障的作用。

想要营造良好的团队氛围，首先，需要在团队内部明确分工、明确职责，不同岗位的成员之间能否顺利合作是团队氛围的基础；其次，加强团队文化的建设和宣传，以共同的文化引导团队形成统一的价值观；再次，畅通团队内部的沟通渠道，高效的沟通能够加速不同级别的团队成员之间交流，成为团队氛围的“营养源”；最后，团队管理者和领导者要发挥导向作用，主动去引导、影响和维护团队氛围。

良好的团队氛围的营造，能够为团队成员提供一个绝佳的“精神环境”，让每一个团队成员都能以最好的精神状态去迎接挑战、完成工作。竞争、职场、学习、融洽、成长，这五种氛围对于营销团队的团队氛围建设都是不可或缺的，同时具备这五种氛围特征的营销团队，能够兼顾合作性、稳定性和成长性，这是营销团队在市场竞争中取得成功的有力保障。

03 建立一种团队标志

团队标志，是团队整体形象和精神面貌的展现。比如，整齐划一的服装、胸牌等，就是一种常见的团队标志。除此以外，团队的语言、口号、手势等，只要经过了统一性的设计，并得到大家认可的，那么都可以成为团队标志的构成要素。

在营销团队中，团队标志随处可见。比如，给团队成员发放统一的制服，即便没有统一的制服，也会要求团队成员穿上白衬衫、黑西裤、黑皮鞋等，展示统一的销售形象。再比如，每天开早会时，会要求全体成员一起喊口号、做早操等，进行团队激励。

有些管理人员认为，这些团队标志流于形式，只是白白浪费时间和精力，对于提升营销团队能力和业绩来说根本没有实质性的帮助。这种观点其实并不正确，统一的团队标志无论是对内还是对外，都能起到正面作用。

对团队成员来说，团队标志是一种强大的心理暗示和精神鼓舞，统一的服装都够让成员在心里默默地提醒自己“新的一天开始了，从现在开始我要进入工作状态”，而早会中的喊口号、做早操环节则能有效地让团队成员打起精神，进行自我激励。不仅如此，统一的服装、统一的语言、统一的行动能够在潜移默化中强化团队的凝聚力，让团队成员在合作中更加默契。一支连行军步伐都无法保持一致的队伍必定战斗力涣散，营销团队也是如此，只有先保持整齐划一的步调，营销团队的战斗力才能得以激发。

而对客户及潜在客户来说，团队标志是团队形象和精神气质的展现，一支拥有统一团队标志的营销团队，往往更容易赢得客户的关注、信任和喜爱。销售同类产品的两支营销团队，其中一支团队的成员们穿着千奇百怪的服装，各自喊着不一致的欢迎语和宣传语，而另一支团队则穿着统一的服装，同时喊出欢迎语和宣传语，究竟哪支团队看起来更专业可谓是一目了然。

团队标志所涉及的要素有很多种，每一个营销团队都可以根据实际需要设计一套系统化的统一标志，如下所示。

仪态：要对团队成员的仪态进行统一规定，男性不蓄发蓄须，女性不染发烫发，不佩戴太过花哨的饰品；

服装：无论是工作服装还是活动服装，都要保持一致，工作服装要正式庄重，活动服装可适当醒目，但不要过于标新立异；

语言：营销团队应当使用统一话术，对客户的接待用语、欢迎用语、拜访用语等都保持统一性；

口号：设计统一的口号，简洁、易记、有气势，这样的口号感染力更强；

歌声：营销团队还可以编写一首队歌，每天早会时全体成员进行合唱，提振团队士气；

掌声：当团队成员取得优异的成绩时，要由团队成员共同为其送上热烈的掌声；

欢呼声：当团队达成阶段性目标，或是取得了令人瞩目的成就后，团队成员要共同欢呼，共同庆贺团队上升到了一个新的层次。

当然，团队标志的设计远远不止以上这些内容，营销团队的管理者可以根据团队成员的特点，根据不同阶段、不同内容的营销目标，集思广益设计出真正符合团队文化、能够激励团队士气的团队标志。

建立一种团队标志，绝不是一项“面子工程”。统一、鲜明、与团队文化息息相关的团队标志，能够对团队成员和广大客户都产生积极的导向作用，这对于营销团队营销目标的实现、营销业绩的提升都具备重大的价值和意义。

04 统一思想：打造团队的精、气、神

如果说建立团队标志是团队的“外在修炼”，那么统一团队思想就是团队的“内在修炼”。团队的思想建设是团队运营的重要环节，拥有统一的、崇高的思想，团队成员之间才能在工作中积极地进行沟通交流，增进相互之间的理解和信任，在工作中的分工、合作也会更加默契，对于团队目标的认同感也会更加强烈，这些都是使团队工作高效完成的有力保障。

统一团队思想，就是要打造团队的精、气、神，一支具备精气神的团队才拥有强大的行动力和创造力。那么，为了全面打造团队的精、气、神，要在团队思想建设上做哪些工作呢？

（1）“精”——强化职业素养

所谓职业素养，就是敬重自己的职业，热爱自己的工作，并从中寻找到非凡的意义。如果一个人缺乏职业素养，无法做到爱岗敬业，他又如何能够始终忠于职守、尽心尽责、认真负责、一丝不苟呢？而一个团队如果缺乏职业素养，又如何能够专心致志地完成每一项任务，千方百计地达成团队目标呢？

爱岗敬业的职业素养说起来简单，但长期坚持下去却并非易事，需要团队成员具备耐心、恒心和决心，能够耐得住工作中的寂寞与枯燥，能够坚持不懈、一步一个脚印地向目标前行，能够在遭遇失败挫折后再度去尝试和挑战。任何工作都不是一蹴而就的，如果在工作中只有三分钟热度，那么可能在你心情好的时候能够很好地完成工作，但在情绪低落的时候就马马虎虎、应付了事，这显然不是具备良好职业素养的体现。

强化职业素养，首先要让团队成员以工作为荣，无论职务大小，无论在团队中的地位如何，每一个成员都应该立足于本职工作，兢兢业业地做好每一件事；其次要树立团队服务意识，每一个团队成员所做的每一项工作，都是在为实现团队目标而努力，都是在为整个团队做贡献；最后要致力于不断成长，要努力学习岗位必备的知识和技能，在本职业务上精益求精。

（2）“气”——注入绩效思维

在团队中，影响团队成员能力发挥的因素有许多种，但绩效是其中最首要的因素。绩效就是要根据每一个团队成员的工作量和工作成果给予其不同的薪资待遇或绩效奖金，如果没有绩效，团队成员做多做少一个样，这样的团队不可能有“生气”。

而一套有效的绩效机制，应该具备三方面特征。首先，绩效机制要公平。绩效机制追求的是程序上的公平而非结果上的公平，在保证程序公平的前提下，结果上的不平等反映了每个人的能力及努力程度，而如果程序上不公平，那么必然会引发团队的混乱和不满。其次，绩效机制要科学。绩效机制的科学性是对公平性的保证和延伸，如果绩效机制不科学，那么也会造成成员绩效评价不公平的现象，同样会损害团队成员的积极性，拖垮整个团队的绩效。最后，绩效机制要人性化。绩效机制未必一定要“铁面无私”，在一些特殊情况下完全可以进行针对性调整，比如某位成员完成了一项不可想象的任务，为团队做出了卓越的贡献，那么在绩效奖励之余也可以给予其特殊奖励。

（3）“神”——丰富团队文化

团队文化是一种无形的精神力量，是一种团队内部的“潜规则”。一个没有文化的团队形同行尸走肉，而一个拥有良好文化的团队就相当于拥有了灵魂。拥有明确文化的团队，其成员更容易形成相同或相似的价值观，团队成员的思想也就更容易统一。所以，统一团队思想，充分利用文化引导是一种有效的方式。

团队文化的内容不是单一的，可能涵盖许多要素，而以下三种要素则是不可或缺的。团队文化首先要是协作的文化，团队这一组织形式的目标，就是通过开展团队合作来让所有成员形成强大的合力，如果团队成员各自为战，团队也就失去了其意义，所以团队文化必须鼓励成员万众一心地进行协作。其次要是尊重的文化，每一个团队成员都应该彼此尊重、相互理解，成员之间只有尊重彼此的能力和技术，尊重彼此的意见和观点，尊重彼此的成绩和贡献，团队工作才能开展得更有效率。最后是关爱的文化，应该考虑并尽可能满足每位团队成员的物质和精神需求，营销良好的工作氛围，这能够大幅提高团队成员对于整个团队的认同感，提高其主动奉献的自觉程度。

不同的企业、不同的营销团队在统一团队思想中所采取的方式可能存在很大的差异，但无论如何，强化职业素养、注入绩效思维、丰富团队文化都是打造团队精、气、神的有效且不可或缺的内容。统一思想并不是全体成员保持一致的意见就可以了，而是要在一个有益于团队进步和发展的崇高思想境界上达成一致，在崇高思想的指导下，团队成员的精、气、神才能上升到卓越的层次上。

05 信念：只要我不放弃，你永远别想拒绝我

营销人员想要取得成功，必须要具备永不放弃的强大信念，没有这一强大信念的支撑，营销人员很难在客户一次又一次的拒绝中迅速站起来，义无反顾地投入到下一次的销售工作中。有一些营销人员，被客户拒绝五次、十次后就心灰意冷，陷入低潮期迟迟不能恢复，事实上，他不是被客户打败了，而是被自己打败了。真正遭到客户拒绝的时候，并不是客户说“我不需要”的时候，而是营销人员自己打退堂鼓的时候。因此，营销人员必须时刻坚定自己的信念：只要我不放弃，客户永远也无法拒绝我！

在营销人员的销售过程中，必然会面临着大量的、形式各异的拒绝，但无论是“真实拒绝”还是“虚假拒绝”，营销人员都不能“照单全收”，要学会对客户的拒绝“视而不见”，永远不要放弃下一次尝试，不要放弃任何微小的成交可能性。

在营销领域，存在着一条1%销售法则，即每一个销售人员在每一次成交背后，平均都要伴随着99次失败。许多优秀的营销人员都会以1%销售法则激励自己，每当遭遇客户拒绝时，他们就会告诉自己，自己离成功又更近了一步。优秀的营销人员不会害怕拒绝，他们会以永不放弃的态度面对拒绝、应对客户，迅速投入到全新的尝试中。

某软件公司的销售代表小赵在拜访客户时发现了一电力公司有一个大订单，但当他与负责人联系时，却得知这批订单采用的是公开招标的形式，而且招标书已经在三天前截止了，负责人还安慰小赵说，“这是我们第一次采

购，最近还会招标，到时欢迎你们来投标。”

被拒绝的小赵立刻联系了当地的朋友，想进一步了解这一招标项目的详细信息。而朋友告诉他，放弃这个项目吧，这个项目的软件开发商早就已经选好了，不仅软件已经开发完成，而且试点工作也很成功，此次招标只是为了履行程序。不过，小赵还是要来了该软件开发商的联系电话，死马当活马医地与总经理协商看能否推荐自己的产品。而开发商的总经理很客气地拒绝了他的要求，软件开发一直是基于另一家公司的硬件进行的，而且投标书已经写好了，这次无法合作，欢迎以后有机会随时来谈。

小赵陷入了山穷水尽的局面，而且客户说得也全部在理，他似乎不得不放弃这个项目。但是小赵并没有就此放弃，他又再次找到客户，希望对方能够将招标书给他，而负责人则告诉小赵需要得到处长的同意，而处长现在正在外地开会。于是，小赵要来处长的电话号码后毫不犹豫地驱车前往处长开会的城市，并找到处长的住处表明来意。面对小赵的“强行”推销，处长很是生气，但小赵一面道歉，一面解释说：“我知道这样做很不好，但是我们公司在这个领域内确实是最有经验的，对贵单位的项目一定有所帮助。”最终处长被小赵的诚恳打动，同意给他们公司发标书。

终于获得了宝贵机会的小赵立刻返回公司请程序员写标书，于招标会前夕将标书送到了客户处。在招标会当天，对所有投标厂家的讨论一直延续到了晚上，而最终小赵的公司被宣布中标。

小赵此次所面临的营销环境，可谓是极其不利，招标截止、项目内定，无论从程序上还是产品上都没有丝毫成交机会，一个有“理智”的营销人员很可能会就此放弃，寻找下一个客户。但是，小赵却没有选择放弃，他放弃了“理智”而选择了信念，在他看来，只要客户与竞争对手还没有正式成交，自己就还有一丝成交的可能性。最终，小赵凭借着自己的不懈坚持获得了销售机会，并成功抓住了这一销售机会，完成了一项看似不可能完成的任务。

永不放弃是营销人员必须要具备的信念，也是成功营销需要具备的首要心态。在战场上，如果士兵们有枪有炮，就去使用枪炮；子弹打完了，就去拼刺刀；刺刀断了，就用拳脚战斗；拳脚断了，就用牙齿咬住敌人；牙齿咬不动了，也要用大声的呐喊助威。营销人员在营销工作中应该具备同样的信念，顽强的士兵是在战场中取胜的关键，而顽强的营销人员也同样是在营销中取胜的关键。在激发营销团队战斗力时，务必要为全体团队成员注入永不放弃的强大信念，不畏拒绝、不畏失败。

优秀的营销人员、强大的营销团队，必然要始终具备积极乐观的心态，而积极乐观心态的重要来源，就在于永不放弃的信念，只要营销人员坚信“只要我不放弃，客户就无法拒绝我”，那么即便营销工作开展得多么不顺利，也能坚定不移地继续下去。

06 激情：对销售工作永远充满激情

一个人在工作中能够取得多大的成就，很大程度上取决于他拥有多强烈的激情。如果一个人工作时拈轻怕重，受了一点儿委屈就打退堂鼓，每天在工作中浑浑噩噩，那么必然不会有所成就。相反，如果一个人能够将困难的工作视为一种难得的挑战，竭尽全力地去征服，永远充满激情地投入工作中，那么往往能够取得非凡的成就。

据一项调查研究显示，一个人在工作中取得的结果有85%以上是由自己内心的态度而不是才能所决定的，特别是对于营销人员来说，态度往往比才能更重要。那些顶尖的营销人才，总是会以饱满的激情面对工作、面对客户，他们深信因果定律，相信“种瓜得瓜，种豆得豆”。

日本的“经营之圣”稻盛和夫曾总结了这样一条成功公式：业绩＝个人能力×价值观×工作激情。在稻盛和夫看来，一个人的能力和激情可以形成互补，为个人业绩的提升共同发挥作用。在中国，也有“勤能补拙”的说法，而勤奋主要就来自于激情，在工作中激情洋溢的人往往能够发挥出更强大的能力。

日本著名的销售精英高木，在刚刚进入销售行业时可谓诸事不顺。当时，他的任务是销售复印机，“二战”后的日本百废待兴，复印机是一种极为昂贵的新型商品，高木到目标企业中销售，往往见不到负责人就吃了闭门羹。于是，高木就找到了负责人的住址登门拜访，但换来的往往是“这里不是办公室，不谈公务，请回吧”“你再不走，我就要叫警察了”等拒绝言辞。

前三个月，高木没有成功售出一件产品，他也没有获得任何收入。不过，他还是凭借着激情鼓励自己坚持下去，依旧孜孜不倦地去寻找和拜访新客户。终于有一天，一家证券机构主动找到他，一次性购买了8台复印机，销售额高达108万日元。取得了首次成交后的高木时来运转，复印机也逐渐被众多机构所需要，他的销售业绩直线攀升。

营销人员的能力和技巧固然重要，但是激情才是根本之根本，才是能力和技巧发挥的保障。而且激情影响的不仅仅是营销人员个人，同时也会影响到客户，只有让客户感受到营销人员的激情，才能让他们信任营销人员，才能让他们愿意去成交。

在营销领域中，销售人员的平均流动率高达30%—50%，在各个岗位中可谓是“首屈一指”。许多企业的销售岗位就像“铁打的营盘流水的兵”，销售人员来了一批又走了一批。而销售岗位之所以高度流动，就在于许多销售人员缺乏激情的支撑，当激情不再，也就很难在挫折重重的销售工作中坚持下去。

没有企业希望自己的营销团队是不稳定的，但客观的压力却在不断地消磨着营销人员的激情。管理层的期望、同事间的竞争、工作中的挫折都会形成压抑的气氛，向营销人员的内心发起冲击。那么，在这些无可避免的压力之下，营销人员要如何维持自己的激情呢?

首先，营销人员要学会控制自我情绪。特别是在压力之下，营销人员千万不能心态失衡，任何一个成功的营销人员，都是在压力的磨砺下诞生的。如果营销人员能够战胜压力，就能提升自己的能力和信心，也自然会使自己的激情得以释放，帮助自己上升到一个全新的层次中。压力绝不是阻力，营销人员永远不要害怕压力，要在任何情况下都学会控制自己的情绪，也许你无法强迫自己高兴起来，但至少可以让自己始终保持镇定，拥有一个平稳积极的心态，激情就永远不会离你而去。

其次，营销人员要学会自我释放。当你感到心情郁闷时，当你感到激情不再时，可以在下班之后去慢跑或健身，也可以在闲暇之余去登山、看海，与大自然亲密接触。多去做一些自己喜欢的事情，往往也能够让人精力充沛、重新振作。如果营销人员任由低落的情绪支配自己的意志，往往会陷入恶性循环，越来越感到无精打采，但如果能够及时地排遣不良情绪，则能有效地“保护”自己的激情。

除此以外，通过一些小方法、小细节，也可以帮助营销人员始终保持工作激情。

（1）制定远大的长期目标，有追求才有激情；

（2）进行目标分解，让每一个短期目标的实现成为对自己的鼓励；

（3）对于无法改变的客观因素不要过度纠结；

（4）学会自我暗示，永远不要自我否定；

（5）多读一些励志的书籍，进行思想修炼；

（6）当工作中出现问题时，要去反省而不是逃避；

（7）不要理会那些“你做不到”的声音；

（8）多说积极的内容，不谈消极的内容；

（9）以乐观的心态面对工作和生活中的每一件事；

（10）细心发掘快乐的事情，别让工作和生活充满负担。

任何一位营销人员，在刚刚投入工作时总能激情洋溢，但将这种激情长期保持下去却并非易事。每天重复相同或相似的销售工作会使自己厌烦，客户不断的拒绝会使自己受挫，激情也因此不断消失殆尽。在挫折之下，抱怨无济于事，寻找失败的借口也只是在逃避问题，只有迅速地忘记失败，总结经验和教训去争取成功，才是营销人员应该具备的积极心态，才是始终保持工作激情的秘诀。而在源源不断的激情之下，你和你的客户都会受到正面的引导，营销工作也会向着成交的方向开展。

07 价值：用业绩证明一切

优秀的营销人员，其评判标准有很多，比如爱岗敬业、学习提升等，但最为根本的则在于业绩，没有业绩的营销人员没有价值，业绩越出色，营销人员的价值也就越高。

比尔·盖茨曾经说过，“能为公司赚钱的人，才是公司最需要的人。”特别是对于营销人员来说，其工作的业绩直接决定着企业利润的高低，营销人员卖出更多的产品、签下更多的合同，企业就能赚取更高的利润，才能更好地发展。

所谓的职业精神，就是以成败论英雄、以结果论英雄，营销人员如果想要证明自己的价值，想要证明自己对于企业至关重要、不可或缺，那么就拿出实际的成绩，用出色的销售业绩展现自己的价值。

营销人员通过业绩为企业利润做出贡献，不仅仅是为了企业的发展，同时也是为了个人的发展。如果企业没有利润，那么营销人员也不可能获取丰厚的薪酬；如果企业不发展，营销人员也无法获得职位上的升迁。从这一层面上来说，营销人员努力提升业绩，致力于企业的成长，也是在不断满足自身的物质和精神需求。

有些营销人员，其工作的努力程度有目共睹，他们每天跑最远的路、拜访最多的客户，但是如果最终没有转化为成交订单，那么这些努力也就没有价值。任何一家企业，要的都是结果而非过程，营销人员无论多么忙碌、多么辛苦，如果没有拿出切实的业绩，那么一切都是白费，一切行动都是低效或是无效的。

因此，在营销团队管理中，应当持有以下观念。首先，始终以正面结果导向开展行动，面对任何一件任务，都要去追求好的结果，不能光说不做，也不能做而无效，只有脚踏实地、持之以恒地付出，才能取得理想的好结果。其次，时刻以业绩说话，企业对营销人员的认可程度，源于其创造的业绩，在埋怨企业待人不公正前先审视自己的业绩。最后，坚持绩效思维，以绩效的达成与提高作为营销团队管理的出发点，以绩效水平作为考核营销人员的基本依据，以工作价值和市场价值决定成员职业生涯的发展。

评价营销人员价值的最基本标准就是业绩，作为一名营销人员，只要不违反职业道德、不损害企业的利益，就应该“不择手段”地去完成销售工作。正如俗语所说，“不管黑猫白猫，能抓住老鼠的就是好猫”。如果营销人员迟迟无法达成目标绩效，那么就是在浪费企业的资金和资源，就是对企业的透支和剥削，这样的营销人员对于企业来说自然毫无价值可言。

企业所需要的，是能够解决问题、达成目标的营销人员，而不是那些埋头苦干，却始终止步不前的营销人员。企业作为一个经营实体，必须靠利润去推动发展，因此只有那些能够做出业绩的员工才有价值，才能被企业所需要，而那些做不出业绩的员工，自然会被淘汰和抛弃。

完成销售任务，将企业的产品转化为再生产资金和运营资金，这是营销人员的“天职”。因此，那些达不到目标业绩的营销人员是不专业的，是有悖职业精神的。每一个营销人员，都应该将完成目标业绩，不断提升业绩作为第一要务，以结果彰显价值，而不是以过程彰显价值。

不同于其他岗位，营销岗位的价值总是直观的、可衡量的，如果你没有获得理想的薪酬，没有达到理想的地位，那么一定是你的价值还不够高，任何一家企业，都不会亏待那些能够为企业带来丰厚利润的营销人员的。在此，敬告那些郁郁不得志的营销人员，在抱怨自己的努力没有得到关注和认可之前，不妨先去审视自己的业绩，评估自己的价值。

08 荣誉：为团队荣誉而战

对于营销人员来说，完成更好的业绩，能为自己带来更高的薪酬、更高的职位，为自己的物质和精神需求而战自然能够让他们发挥出极大的潜能。然而，对于一个营销团队而言，仅仅如此是不够的。在一个极具凝聚力的营销团队中，团队成员不能只为了个人荣誉而战，还必须要达到更高的思想境界，为团队荣誉而战。

荣誉感是团队的灵魂，一个没有荣誉感的团队是没有希望的团队，一个没有团队荣誉感的营销人员也绝对无法成为优秀的营销人员。团队荣誉感能够让团队成员更加严格、自律，控制自己的思想和行为，使其始终有利于团队利益。而且，团队荣誉感的实现也能使团队成员在物质和精神上得到极大的满足，从而使其在工作中发挥出更强大的能力和潜力。

在希尔顿酒店中，每一位住户在早晨出门时都会受到服务人员的热情招呼，而且每一位服务人员都能准确地叫出客户的名字。而在就餐时，当你向服务人员询问食物的名称时，服务人员会上前看一眼，然后再后退一步回答，这是为了避免说话时的唾液沾到客户的食物上。而这些不起眼的服务细节，也成为了希尔顿酒店的重要标签，成为了其强大的营销优势之一。

希尔顿酒店的优质服务，并不是只靠制度的规定来达成的，如果员工没有以希尔顿为荣的强烈荣誉感，即便在制度上严加约束，员工们也不可能表现得如此尽职尽责，不可能自发自为、精益求精地做好每一个细节。

那么，在营销团队运营中，如何才能有效地引导全体成员为团队荣誉而战呢?

首先，加强团队的荣誉意识教育。在西点军校的教育中，荣誉教育始终占据着最为有限的地位，在西点的《荣誉准则》中有这么一句话："每个学员绝不说谎、欺骗或者偷窃，也绝不容许其他人这样做。"在西点，每一位受训者都必须熟记所有的军阶、徽章、肩章、奖章的样式和区别，记住它们分别代表的含义，这样的训练和要求，能够在无形之中培养学员的荣誉感。军人视荣誉为生命，而企业也可以在团队运营中借鉴这种方法。如果一个员工对自己的工作有着强烈的荣誉感，能够以团队目标的实现为荣，那么必定能够焕发出强大的工作热情。而如果一个员工没有团队荣誉感，即便千方百计地用制度去引导和约束他的行为，也无法保证他能够将工作完成得尽善尽美。所以，每一个企业都应该强化对员工荣誉感的教育。

其次，以团队价值观和团队文化引导荣誉意识。只是几个人聚在一起，无法称之为一个团队，而是要拥有共同的价值观和文化，而正面的团队价值观和团队文化，同时也是成员团队荣誉感的重要来源。在团队价值观和团队文化之下，团队更容易形成以大局意识、协作精神和服务精神为核心的团队精神，从而大幅提升整个团队的向心力和凝聚力，让每一位团队成员在工作中都能时刻以团队利益为重，在此基础上追求团队利益和个人利益的统一，保证整个团队能够高效运转。

最后，以团队激励增强团队荣誉感。团队荣誉感不能仅靠话语去引导和培养，还需要实实在在的具体行动。比如，当团队达成某项艰巨的任务后，可以在团队会议中鼓掌、欢呼，让每一位成员都感受到胜利的喜悦。还可以以团队的名义向上级申请表彰，或是在节假日全体成员一起聚餐、郊游等。在多种多样的激励手段之下，能够让团队成员对团队荣誉有着更真切、更强烈的感受，就更容易激发出每一位成员的团队荣誉感。

对于每一位营销团队的成员来说，尽心尽责地完成工作绝不只是为了一份薪水、一个职位，同时也是在追求一种认同感、归宿感和成就感，而这一切都是建立在团队荣誉基础之上的。只有时刻将团队荣誉感牢记心中，营销人员才能够在工作中全力以赴，才能自觉地远离各种借口，远离一切可能损害团队利益的行为。而在争取团队荣誉、创造团队荣誉、捍卫团队荣誉、保持团队荣誉的过程中，营销人员也能更好地融入到整个团队之中，也能更好地实现个人荣誉，这同样有利于每一位团队成员的发展。团队利益与个人利益，是息息相关、相辅相成的。

在一个营销团队中，只有所有的团队成员都能够自觉地为团队荣誉而战，都能够将实现团队目标作为优先事项，整个团队才能真正成为一个整体，才能在强大的精神指导和密切的协作下成为一支在市场中势不可当的营销队伍。

09 钱不是挣来的，是客户举双手送来的

销售成交是一件“概率性事件”，营销人员可能要拜访几十个、几百个客户，受到无数次拒绝之后，才能顺利成交一单，因此，营销人员想要取得更好的业绩，唯有去拜访更多的客户。但是，每个营销人员的时间和精力都是有限的，每天能够拜访的客户数量终归是有上限的，这种“低效率”的做法怎么能够更快更好地“挣钱”呢?

其实，拜访客户并不只是获得了一次成交的机会，同时也是人脉资源的积累过程。当营销人员掌握了大量优质的客户资源后，很多时候不需要亲自去“跑业务”，订单也会蜂拥而至。

只要营销人员拜访的潜在客户符合产品定位，那么就不存在“不需要”的客户，所有拒绝你的客户并非是不需要你的产品，而是“目前不需要”。营销人员的拜访能够将产品信息留在客户脑海中的某一个角落，当有朝一日他需要这种产品时，他可能就能够想起营销人员，并主动进行联络。而如果营销人员不去拜访客户，没有遭到足够多的“拒绝”，自然也就不会有这种机遇。

另一方面，对于能够成交的客户，营销人员要在售前、售中、售后的各个环节中提供最优质的服务，并在平时维护好同客户的关系，这不仅仅更有利于对客户进行二次销售，也能够让客户更愿意将自己的人脉资源介绍给营销人员，而这种由老客户介绍而来的新客户，不仅成交概率更高，而且成交效率也要比营销人员一个个拜访客户更高。

许多营销人员之所以感到营销工作难做，营销业绩迟迟无法提高，主要是因为他们在以“销售”的思维而不是“服务”的思维去做营销。在“销售”思维下，营销人员一个个地去拜访新客户、回访老客户，即便是口才再好、说服力再强的营销人员，在这种营销工作方式下业绩也不会太高。而在“服务”思维下，营销人员不仅仅是在销售产品，同时还将更多的精力放在服务客户、维护客户关系上，当营销人员与客户建立了相互信任、相互理解、相互需要的合作关系后，不仅他们自己会成交，还会直接介绍更多愿意成交的客户给营销人员，如此成交的数量和效率就会大幅增长。

比如，营销大师乔·吉拉德所保持的连续12年平均每天销售6辆汽车的销售记录，如果是用拜访客户的方法，根本不可能实现。对于许多汽车营销人员来说，可能每天认认真真地同6位潜在客户进行洽谈就会消耗掉全部的时间，而要保证每天成交6笔订单简直是“天方夜谭”，但乔·吉拉德却做到了。乔·吉拉德成功的秘诀就是始终与客户保持紧密联系，让客户能够记住自己、喜欢自己。事实上，乔·吉拉德绝大多数的成交都是由客户介绍而来的，并非全部是由自己“跑”出来的，而正是由于客户主动为乔·吉拉德“送钱”，他才能完成如此“不可思议”的销售业绩。

所以，对于优秀的营销人员和营销团队来说，钱并非只是通过付出艰辛的劳作挣来的，更多的是客户举着双手送来的。当整个营销团队都能够凭借优质的服务、良好的互动与客户建立起紧密的联系，构建起一张庞大的人脉网，引导每一位客户为团队带来更多的潜在客户，那么不仅仅能够大幅提升营销的效率和成功率，也能有效地削减团队的挫败感，让团队能够长期沉浸在胜利的喜悦之中，这更能激发出团队战斗力，避免团队陷入低潮。

在营销团队的运营管理中，不能以“挣钱文化”作为主导，而是要以“服务文化”作为主导。只要营销团队尽心尽责地同客户做好沟通交流，与客户建立起深厚的感情，客户便会自然而然地主动“送钱”。如果只是一味地想从客户那里有所获取，那么最终往往会“求而不得”。相反，营销团队优先付出、主动付出，最终收获的往往会更多。

第5章 创造最优的效率和效益

出色的营销团队管理必须要具备杰出的效率和效益，这是促使营销团队“从优到最”的关键。一支最佳的、最为企业所需要的营销团队，一定是能够创造出最优的效率和效益的团队，没有符合预期甚至超越预期的团队效率和效益，整个团队的付出都不具备相应的价值。创造最优的效率和效益，关键就是要运用绩效管理的方式引导和激励团队的行为，使之始终能够以正确的方向朝目标前进。

01 制定清晰的考核目标

绩效管理的根本在于目标管理，只有先制定一个清晰的团队目标，绩效考核的机制、标准和内容才能加以界定。目标管理的概念，是管理大师彼得·德鲁克于1954年首次提出的，德鲁克认为：先有目标才能确定工作，所以企业的使命和任务，必须转化为目标。如果一个领域、一个部门、一个岗位没有目标，那么其工作必然会被忽视。因此，团队管理者必须对组织目标进行有效分解，清晰地制定团队乃至每一个岗位的考核目标，然后再根据考核目标的完成状况对每一位团队成员进行考核、评价和奖罚，完成绩效管理的全过程。

考核目标制定得是否清晰，不仅会影响到目标的引导作用和完成状况，同时也影响着绩效管理的科学性和合理性。那么，管理者要如何制定一个清晰的考核目标呢？通常，我们可以借助“SMART原则”让目标管理“聪明”起来。

SMART原则包含五个层面的内容：目标必须具体（Specific）；目标必须可衡量（Measurable）；目标必须可实现（Attainable）；目标必须具有必要性（Relevant）；目标必须要有时限（Time-bound）。无论是长期目标还是短期目标的制定，都应该遵循以上五项原则，缺一不可。

（1）具体（Specific）

目标要具体就是必须要有详尽的工作指标，不能过于笼统。具体的目标是成功目标管理的必备特点，许多目标管理工作之所以没能取得理想的效果，很重要的原因之一便是目标模棱两可，没能将具体的工作标的有效地传递给团队成员。

比如，“提高业绩、加强产品销售”就不是一种具体的目标表述，而是应该具体到“将销售业绩提升10%”，或是“销售100件产品”，等等。有了足够具体的目标，营销执行人员才会有明确的方向和充足的动力展开相应的行动。

通常来说，越具体的目标就越容易制订相应的执行计划，也就越容易激发出团队成员执行的动力。而目标具体化的过程也体现了目标制定者的思考和分析的过程，想得越全面、越深入，目标的质量也就越高。

（2）**可衡量**（Measurable）

可衡量即目标不能模糊不清，而是能够用明确的数据加以表述和评判。如果目标无法衡量，那么就很难判断目标是否真正实现，并且会对之后的绩效考核结果产生分歧和争议。

比如，“增强客户满意度”就不是一个可衡量的目标，因为这只是一种主观感受，根本难以准确界定客户的满意程度。所以，在制定目标时就应该将其进行转化，比如，“保持客户好评率在90%以上”或是“确保单月客户投诉量不超过100件”，等等，这些就是足够具体的目标，在进行绩效考核时可通过对比目标和结果来判断目标是否达成。

不可衡量的目标几乎无法实现，因为管理者和执行者都无法界定准确的目标完成点，自然也就无法判断何时要继续行动，何时要终止行动。而且，不可衡量的目标会使执行者看不到成功的希望，从而会丧失行动动力，这种目标通常无法持久。

（3）**可实现**（Attainable）

可实现即营销目标是能够达成的，而非无论如何努力都无法达成的“海市蜃楼”。在制定团队目标时，自然是希望能够有所突破，所以不会设定一些可以轻易达成的目标。而且，具备挑战性的目标能够激发团队成员的积极性，从而带动整个团队的能力提升。不过，如果目标的设定完全脱离了实际，根本无法顺利完成，那么这样的目标也没有任何价值，还会伤害团队成员的积极性。

而如果一个人、一个团队长期习惯于完不成目标时，那么任何目标对其都是没有意义的，因为整个团队不会真正地重视起目标，自然也不会对自己的行为负责。

可达成的营销目标，就是要有据可依，要有充分的依据证明该目标是能够实现的。比如，根据团队的同期工作成绩，结合当前的人力水平和团队实力设定的目标，就是有依据的。再比如，参考同级别竞争对手的具体成绩，也同样能够设定一个有依据的目标。

（4）**必要性**（Relevant）

必要性即当前目标的制定必须符合企业总体经营的需求，必须要对企业其他经营目标的实现产生积极的促进作用，如果团队目标并非是完全必要的，那么团队成员就无法产生完成的紧迫感，而即便完成了相应的目标，其对企业的经营发展也不具备重大的意义。

营销团队的任何行动都不是一项孤立环节，而是与整个企业的经营发展息息相关。之所以要开展营销活动，可能是出于资金需求的考虑，也可能是出于市场份额的考虑，其影响因素是很多的。因此，在设定营销团队目标时，应当进行深入解读，结合企业的总体经营目标，来设定具备必要性的团队目标。

制定一个具备必要性的目标，最好的方法就是多分析、多思考，并结合过往的经验判读目标的必要性。如果管理者经验不够丰富，那么就需要多加咨询、多搜寻资料、多进行市场调研，为目标的制定提供充足的信息和依据。

（5）**时限性**（Time-bound）

时限性是指目标的实现必须有具体且合理的时间限制，没有时间限制的营销目标同样不具备任何意义。在所有的目标管理中，时限性都是不可忽略的，如果超出了目标时间，即便从内容上看达成了标准，实际上也是没能完成目标。由于为目标附加了时间限制，提出了具体的时间上的要求，不仅保证了执行的效率，也能给团队成员施加适度的压力，鞭策他们在规定时间内完成目标。

时限性也和具体性、可实现原则息息相关。首先，时间的限制是目标的构成内容之一；其次，目标的时间限制也直接影响到目标的可实现性，如果时间限制过长，那么目标的实现难度就低，而如果时间限制过短，那么目标可能根本无法实现。因此，目标的时限设定，一方面要考虑到目标的轻重缓急，另一方面则要考虑到目标难度的权重，进而拟定出具体的“时间表”，并且在执行过程中，要根据时间表定期检查目标进度，把握目标的完成情况，以便于随时进行工作指导和调整。

SMART原则是制定考核目标的一种简单且实用的方法，借助SMART原则能够制定出高质量目标，而这种高质量目标是提升团队效率的重要指引和有力保障。一个清晰的团队目标，不仅能够指明执行方向，给团队注入强大的工作动力，同时也能为开展科学合理的绩效管理奠定坚实的基础。

02 工作分工明确，让员工各司其职

进行工作分工，专业的事情让专业的人去做，这不仅是现代企业管理的基本原则，同时也是现代社会职业分工的基本原则。可以说，没有专业分工，就没有高效的企业运作，整个社会发展的进程也会大幅落后。

分工明确、各司其职，是企业高效运作的基本形态。如果生产部门的主管不好好研究如何提高生产效率，而是整日担心产品能不能顺利卖出去，如果营销部门的主管不致力于如何提高销售业绩，而是一味地担忧企业的原料采购是否规范，那么这样的企业就会彻底乱了套，根本不可能开展高效的运营。

而具体到一个营销团队中，也是同样的道理。在营销团队内部，管理者需要根据不同团队成员的专业知识、能力特点、经验水平等将其安排到最合适的岗位上，为其安排最适合他们的工作和任务。合理的分工能够让每一个团队成员都最大限度地发挥出自身的优势特长，从而保证个人和整个团队都达到最优效率。同时，合理的分工更有利于团队成员拿出优秀的工作成绩，更容易产生成就感，这也是提升团队激情和团队凝聚力的重要保障。

进行团队分工，首先要划定具体的岗位，即根据团队的工作内容和目标需求设立具体的职务，并规定每个职务的工作职责、工作内容和注意事项等。在明确了岗位分工的种类和具体要求后，才能够“对号入座”，将专业的人才安排到对应的岗位之上。不同的企业，在不同的营销模式和营销目标下，其营销团队的岗位设计都会有所差异，关键在于要在确保每一项营销工作都有专人负责的前提下实现最小化岗位设计。

下面，让我们来看一下某企业营销部门的岗位设计及分工。

（1）**营销部经理**

其工作内容和职责如下：

负责处理营销部门的所有工作，参与制定本部门的发展战略，合理配置各项资源；

根据团队的业务能力与特长，制订营销计划；

加强营销团队建设工作，提升营销团队的能力和业绩；

有步骤、有计划地完成营销任务；

进行全面的市场调研工作，了解客户需求，准确把握市场定位；

运用多种营销渠道和营销方式提升品牌知名度，塑造品牌形象；

用科学的管理方法，维护良好的客户关系，完善售后服务体系。

（2）**策划组**

其工作内容和职责如下：

协助营销经理处理营销部门的日常工作；

参与制订营销计划，设计营销活动；

负责相关营销活动的支持项目的收集和分配。

（3）**执行组**

其工作内容和职责如下：

负责营销计划、营销活动的具体执行；

通过各种渠道与潜在客户进行联系，开展产品销售行动；

积极搜寻市场及客户反馈信息，为营销部门取得第一手资料。

（4）**网络组**

其工作内容和职责如下：

负责官网、微博、微信等网络营销工具的日常维护；

及时地在各个网络营销工具上更新营销信息；

在线回复客户的问题，并引导客户产生购买意愿；

负责搜集网络媒体的相关信息并进行筛选整理。

（5）客服组

其工作内容和职责如下：

每天做好电话推广和电话回访，并认真做好记录；

对客户的异议、投诉等进行记录，并予以解决或上报；

负责各类营销资料的整理和保管。

以上的营销团队分工，基本上涵盖了营销中可能涉及的各项工作，能够保证各类营销计划有序地展开。

在进行了营销团队的岗位分工后，就要根据不同岗位的工作内容要求，结合每一位团队成员的能力特点进行分工。有时候，团队成员的能力特点与其岗位意愿可能有所区别，比如，一个心思缜密但不善交流的成员更适合担当营销策划，但他本人可能出于各种原因而希望成为执行人员。这时，团队管理者应该与其进行深入的沟通交流，向其说明岗位分工的原因、依据等，并保证其在相应的岗位上能够发挥出更大的优势和潜能。如果团队成员执意要选择自己感兴趣而非擅长的岗位，那么团队管理者可以进行试用，如若无法完成预期目标再进行岗位调换。此外，当团队分工需求与成员个人意愿无法协调时，应当优先满足团队分工需求，以强制措施使团队成员服从组织安排。

团队分工是为了更好地发挥每一位成员的优势特长，而不是在割裂团队成员的联系。有分工更要有协作，每一个岗位上的成员，在开展具体的工作时，都必须与相关岗位的成员进行沟通、协调，确保整体效率的最优化而非个体效率的最优化。

一个分工明确的团队是一个高效的团队，而一个成员各司其职的团队又是一个幸福的团队。分工明确、各司其职，不仅能够让每一项营销工作都由最专业的人才去执行和完成，也能让每一位成员在工作中都发挥最大的价值，进而提升其成就感，为整个团队注入进步的元素。

03 考核标准要具体化、数字化

我们提到，在设定考核目标时，要坚持具体、可衡量的原则，而在制定考核标准时，同样要兼顾具体化和数字化。具体化、数字化的考核标准，不仅便于评估和操作，而且也更具说服力，避免考核标准不公正，或是团队成员对考核结果产生质疑。

比如，一些团队在评选优秀员工时，通常会采用团队内部不记名投票的方式，尽管这种方式投票选举出来的员工看似是“众望所归”，但实际上由于缺乏具体化、数字化的标准，团队成员之间的主观感受和个人感情会对最终的结果产生重大的影响。一些成员可能表面上没有对评选结果表示质疑，但往往内心会愤愤不平。

缺乏具体化、数字化的考核标准，这类问题必然会出现。负责考核的管理人员由于受到各种主观及客观因素的影响，很难保证自己能够始终坚持客观和公正。而即便是管理人员做出了正确、公平的绩效考核，但是由于缺乏明确的标准，必然有团队成员会提出质疑，认为管理者偏心或是没有认识到自己的成果。

过于笼统模糊的考核标准无法“服众”，不仅无法对团队成员产生激励效果，反而还会使团队成员疑心重重、心生怨气，破坏整个团队的和谐。所以，团队管理者必须运用数字化考核方式，用分数去评价成员，用数字去引导成员，让每一个成员都对考核结果心服口服。

与传统的考核方式相比，数字化考核具备以下优势：首先，考核指标可操作性较强，管理者不必纠结于如何评价员工；其次，考核标准公平公正，考核结果公开透明，能够避免团队内部出现“非议”；最后，考核分数不封顶，只要员工能够拿出更好的成果，就能取得更高的分数。

数字化考核的操作非常简单，管理者只需要根据具体的标准，针对每个团队成员的行为和成果加分、减分即可，关键在于要如何制定出一套全面合理的评分标准。每一位管理者都应该按照团队的业务内容和业务需求，选择相应的评分项目，并根据不同项目在工作中的重要程度设定评分权重，如下所示。

（1）工作表现

①服从性（10分）：员工是否能够遵守公司的规章制度，是否能够按时工作，无迟到、早退等现象，出现违规行为可根据情节扣除相应分数；

②团队意识（10分）：员工是否注重上下级沟通，能否立足全局积极地开展协作，能否与上司、下属及同事和睦共事；

③积极性（10分）：员工是否具备不满足于现状、始终追求进步的精神，是否具备改进和改善工作的热情，是否具备增加工作量、提高工作质量的主观愿望；

④责任感（10分）：员工是否能够善始善终地完成本职工作，在工作中出现失误时能否主动承担责任，能否在面对工作任务时，不挑三拣四、全力以赴。

（2）工作业绩

①工作量（5分）：员工能够按时按量地完成既定工作，得5分，超额完成可根据相应比例加分，没能按时按量完成的则扣除相应分数；

②工作质量（10分）：员工能够按照标准完成工作，得10分，超标完成的可根据实际效果予以加分，工作质量不达标的则酌情扣分；

③工作成果（20分）：员工取得了预定的工作成果，得20分，超出预定的工作成果可相应加分，没能达成预定的工作成果则酌情扣分。

（3）工作能力

①专业知识（5分）：员工具备完成所在岗位工作的专业知识，并根据其知识水平进行评分；

②计划能力（5分）：员工具备将工作目标和任务转化为具体的执行计划的能力，并根据其计划的周密程度和完成状况进行评分；

③判断能力（5分）：员工具备遭遇突发状况时自我决断的能力，并根据员工在工作中的判断准确性进行评分；

④协调能力（5分）：员工具备在完成本职工作的同时协调其他同事工作的能力，并根据其协作的具体效果进行评分；

⑤控制能力（5分）：员工具备自我管理能力，能够控制自己的行为以保证任务的完成，并根据其工作中的自我管理效果进行评分。

（4）加分项目

①员工要具备创新意识，并且能够通过工作方法上的创新显著提升工作效率，带动整个团队的效率提升。（1—10分）

②员工能够为团队提出合理化建议，并通过合理化建议为团队带来一定的效益。（1—10分）

③员工在工作中取得了突出的成就，得到了客户的认可和表扬，并借此提高了整个企业的形象。（1—10分）

④员工能够主动从事计划外的工作安排，并且没有怨言、尽心尽责地完成。（1—10分）

以上就是一套完整的数字化绩效考核标准，根据以上考核标准对员工进行评分，能够全面评价员工的能力水平、工作成果等综合素质。而不同团队中的管理者，可以根据对团队成员的不同要求，以及团队目标的能力需求和执行难度等因素，对绩效考核的评分权重予以调整。

数字化考核，其本质就是“以成败论英雄”“论功行赏”，团队成员干得越多、干得越好，其最终得到的分数也就越高，而相应的绩效奖励自然也就越高。无论对于管理者、团队成员，还是整个团队来说，具体化、数字化的考核标准都是进行高效的绩效管理的基础。

04 进行良好的绩效沟通

绩效沟通是绩效管理的核心环节，占据着极其重要的地位。所谓绩效沟通，就是绩效考核者与被考核者就绩效考核反映出的问题以及考核机制本身存在的问题开展实质性的沟通，并致力于寻求解决之策，服务企业和员工在下一绩效阶段内的绩效改善与提高的一种管理方法。

直白地说，绩效管理的直接目的，是让团队成员能够清楚地知道企业希望他做什么、需要他做什么，工作要做到什么程度，哪些事情可以自行决定，哪些事情需要领导出面等。而这一切事项，都需要在考核者与被考核者之间的双向沟通下才能得以实现。绩效沟通之所以关键，是因为它是整个绩效管理过程中最为耗时、最能够产生效果的环节，绩效沟通开展的效果，将会直接影响到整个绩效管理的效果。

绩效沟通对于考核者和被考核者双方都有着重大意义。对于考核者来说，通过良好的绩效沟通，能够帮助团队成员提升工作能力；能够及时准确地掌握团队成员的工作情况和心理状态，发现并解决问题；能够客观公正地评价团队成员的工作业绩；能够提高团队成员的参与感、积极性和满意度。而对于被考核者来说，通过良好的绩效沟通，能够发现自身存在的缺点和不足，从而明确改进的重点和方向；能够创造与上级进行情感交流和工作交流的契机，是员工表达自身工作感受，提出相应的意见建议的重要时机。

绩效沟通主要可分为四个层面的内容，包括绩效目标沟通、绩效实施沟通、绩效反馈沟通和绩效改进沟通。这四个阶段的沟通内容相互配合、层层递进，共同构成了完整的绩效沟通模型。

绩效目标沟通，是在一个阶段的绩效管理初期，考核者与被考核者以该阶段具体的业绩目标作为出发点，结合被考核者的能力及上一阶段的业绩制定本阶段的业绩目标；绩效实施沟通，是在绩效管理的实施过程中，根据被考核者在工作中的实际表现，围绕其工作态度、标准、方法等方面进行沟通指导，以达到及时肯定、及时纠正或及时引导的目的；绩效反馈沟通，是对被考核者在上一阶段绩效管理期间的综合表现和工作业绩等进行全面的回顾、总结和评估，并将考核结果及相关信息反馈给被考核者本人，以绩效面谈的形式与被考核者进行更深入的沟通；绩效改进沟通，是考核者根据被考核者在该阶段绩效考核期间存在的不足提出具体的改进指导建议后，随时对改进情况进行交流评价、辅导提升等，该环节既可在绩效管理过程中随时进行，也可以在月末绩效考核时再进行。通过以上四个环节的绩效沟通，形成沟通闭环，对于绩效目标的达成、过程指导、客观评价以及绩效改进等都具备重要的意义，也是绩效管理能够顺利落地和高效执行的有力手段。

而具体到绩效沟通的构成要素，通常包含以下八个方面。

（1）沟通频率：即在一个考核阶段内，考核者与被考核者沟通的次数；

（2）考核者沟通能力：即考核者充分运用各种沟通技巧实现沟通目标的能力；

（3）考核者沟通风格：通常可分为命令型、指导型、扶持型、委托型四种基本的沟通风格；

（4）被考核者个体特征：包括被考核者的性别、年龄、兴趣、教育、收入、职位等要素；

（5）被考核者参与程度：即被考核者在绩效沟通中参与的积极程度和主动程度；

（6）沟通障碍：包括考核者障碍、理解障碍和被考核者障碍三类，具体表现在地位影响、表述问题、文化差异、环境差异、沟通渠道不当、无反馈等方面；

（7）沟通类型：包括书面沟通、会议沟通、面谈、谈判、演讲、倾听等不同的沟通方式；

（8）沟通方向：分为上行沟通、下行沟通和平行沟通三种不同的沟通方向。

以上八种绩效沟通要素的实施程度、类型选择将会直接影响到绩效沟通的最终效果，开展良好的绩效沟通，既需要考核者充分选择和利用各类沟通技巧，也需要被考核者积极密切地配合。

要进行良好的绩效沟通，考核者起着关键的引导作用，考核者的沟通水平直接影响到最终的沟通效果，而考核者在沟通过程中的一些不良行为，也会将沟通导向不好的结果。通常，考核者在沟通过程中需要避免以下10种禁忌行为。

（1）切忌面无表情：考核者应该充分地利用身体语言表明自己对沟通的内容很有兴趣，鼓励被考核者积极沟通，面无表情会打消被考核者的沟通热情；

（2）切忌不耐烦动作：看手表、翻纸张、玩弄钢笔等动作，都会让被考核者觉得你很厌倦，对沟通不感兴趣，不关注沟通内容；

（3）切忌盛气凌人：考核者与被考核者尽管在地位上有差异，但在沟通过程中应当是平等的，考核者不要交叉胳膊或是跷腿，表现出高人一等的姿态；

（4）切忌随意打断对方：在被考核者发言时，在他进行完整表述之前不要打断他，仔细倾听，等对方说完后，你再去发表意见，随意打断对方不仅会打断对方的思路，也会使对方怯于沟通；

（5）切忌少问多讲：询问和倾听同样是一种良好的沟通手段，在绩效沟通过程中，考核者应该成为被考核者的服务者和指导者，而不是发号施令的命令者，要引导被考核者通过自发思考去解决问题，而不是一味地告诉他要怎么做；

（6）切忌用“你”沟通：在绩效沟通中，应该多使用“我们”而少使用

“你”，考核者与被考核者属于一个团队，是一个整体，不能把问题全部归结于被考核者个人；

（7）切忌笼统反馈：考核者应该对被考核者的具体行为或事件进行反馈，不要使用空泛的表述，比如“你最近的工作态度不好”或是“你最近表现得很出色”等，这种反馈并不能让被考核者有真切的感受；

（8）切忌对人不对事：当被考核者在工作中出现疏漏或是存在不足时，应该就被考核者在此次工作中存在的具体问题进行评价、指导，而不要给被考核者个人贴上“没有能力”“不守承诺”等不良标签；

（9）切忌指手画脚地训斥：当被考核者绩效不佳时，不要一味地训斥他应该怎么做、不应该怎么做，而是可以告诉他“我以前是这样做的”或是“以前有些员工是这样做的”，这样可以避免对其造成伤害；

（10）切忌“泼冷水”：当被考核者在工作中出现重大失误后，最好等其冷静和反省后在进行沟通，而不要“趁火打劫”，相反，当被考核者做出优异的成绩时则应该及时地表扬和鼓励。

绩效沟通，绝对不是一项可有可无的形式性工作，良好的绩效沟通是开展高效的绩效考核的基础和保障。如果缺少了良好的绩效沟通，团队成员对绩效考核就会缺乏参与感，甚至会不认同或抵触由考核者单独制定和实施的绩效考核。同时，在绩效考核的过程中，团队成员必然会遇到各种各样的问题，这同样需要及时有效的沟通来予以解决，帮助团队成员在绩效上有所提升。

05 正确引导员工理解绩效管理

为了开展高效的绩效管理，仅仅依靠管理者个人的管理水平是不够的，还必须要有全体团队成员的积极配合。而要使团队成员真正地认同并支持绩效管理，首先就要正确地引导他们理解绩效管理。

有许多企业都在运营过程中采用了绩效管理，但并非每一位员工都能够真正理解绩效管理的内涵和意义，许多员工将绩效管理视为企业控制自己行为的“权力工具”，对绩效管理充满恐惧感或敌对感，自然不愿意主动配合绩效管理的实施。

员工对绩效管理的错误认知是企业绩效管理效果不佳的重要阻碍因素，也是一道难以逾越的障碍。员工对绩效管理存在的理解误区，通常包含以下几种：

（1）绩效管理是上级的事情，与我无关

有些员工认为，我只需要做好自己的工作就行了，如何评价我的工作成果是上级的事情，我既无权干涉，也没有必要配合。而在这种思想下，员工自然不可能对绩效管理真正重视起来，绩效考核目标不会使其产生紧迫感和动力，他们也不会根据绩效考核的结果去改进工作方法，这对于个人和团队都是一种伤害。

实际上，绩效管理与每一位员工的利益息息相关，力求取得更好的绩效，不仅仅能够提高员工的薪酬收入，也能让员工及时发现和改正工作中存在的问题，有针对性地提升自身的工作能力。管理者是绩效管理的全局掌控者，但是绩效管理的主角是每一位团队成员，每个人都应该对自身的绩效负责。

（2）绩效管理就是在给员工挑毛病

有些员工认为，绩效管理就是想方设法地给自己挑毛病，以作为削减自己收入或是辞退自己的理由。在这种敌对情绪下，员工不仅不会积极地配合绩效管理，可能还会“针锋相对”地制造麻烦。

绩效管理从根本上来说，是一种激励手段而非惩罚手段，如果员工能够完成出色的绩效，不仅能够提高自身的收入，企业也能从中获取更高的利润，这是一种双赢的管理方法，每一位员工都应该积极响应。绩效管理的惩罚措施只是手段而非目的，其最终的目标还是通过激励的引导和惩罚的压力刺激员工端正工作态度、改进工作方法、提升工作能力，这是对员工的成长援助。

（3）绩效管理就是只看结果不问过程

有些员工认为，只要我能按时按量完成工作任务即可，具体在工作过程中是否存在错误或问题并不是绩效考核的内容。不可否认，也许有些员工在工作中并非全力以赴，并非总是能够采取高效率、正确化的工作方式，但由于其能力很强，最终总能完成既定目标。不过，如果这些员工能够更加关注过程，能够更加专注、更加正确地面对工作，那么一定能够在业绩上取得显著提升。

绩效管理并非只是关注结果，并将此作为奖惩员工的依据，关注过程，发现员工在工作中的低效点并予以指出和指导改正，同样是绩效管理的重要内容。绩效管理，是为了帮助员工更好地成长，而不只是为了维护企业的利益。绩效考核绝不是为了“秋后算账”，通过对整个绩效计划的执行过程进行有效的监督和控制，及时发现问题并解决问题，同样是绩效管理的重要内容。

那么，如何扭转员工对绩效管理的错误认知，引导其正确理解并支持绩效管理呢？首先，应该进行思想灌输，让员工认识到绩效管理对自己的利益和职业发展都有明显的好处；其次，要重鼓励轻批评，员工达成了出色的绩效后，应当及时地予以大力表扬，而在员工绩效不理想、不达标时，不要一味地埋怨、批评，而是应该将重点放在指导员工改进工作方法、修正工作问题之上；最后，要加强以绩效思想为重心的企业文化建设，从精神层面引导员工理解绩效管理的真正内涵。

引导员工正确地理解绩效管理，就是要让员工把握住自己的利益，让员工认识到个人利益与企业利益是一体的，进而达到让员工自我管理的效果。让员工为自己的绩效负责，能够最大化地激发员工的工作激情，促使绩效管理从员工“被动执行”转变为“主动创造”，让员工思想从“为别人做事”转变到“为自己做事”的正确轨道上。

06 绩效考核与利益、晋升要有关系

没有激励措施和惩罚措施的绩效考核没有任何意义，如果团队成员做多、做少一个样，那么又有谁愿意全心全意地投入到工作中，力争取得更好的业绩呢？对超额完成任务、绩效突出的员工，必须予以奖励；而对没能完成任务、绩效落后的员工，则必须予以惩罚。只有这样，绩效考核才能真正被员工重视起来，才能发挥出应有的作用。

绩效考核的激励措施有许多种，既可以是物质奖励，也可以是精神激励。但其中，最为核心、最不可或缺的则是员工的薪酬和晋升。只有将绩效考核与员工的薪酬水平和职位晋升挂钩，才能让员工真正地“警觉”起来，尽一切可能实现绩效达标或是绩效超标。如果团队成员取得了优秀的绩效，而企业只是对其表扬、发放荣誉证明，或是发放奖金、福利等，也许在短期内能够起到一定的激励作用，但长期来看，这种激励对员工来说“无关痛痒”，自然无法保证每位员工都能为此而奋斗。对于员工来说，薪酬水平和职位高低，直接影响到其生活水平的提升、职业生涯的发展，与其切身利益息息相关。因此，只有以薪酬水平和职位晋升作为激励手段，才是效果明显且长期有效的。

特别是对于营销团队而言，绩效必须要与薪酬紧密地捆绑在一起。“销售提成制”几乎已经成为了营销团队最为常用的薪酬模式，即营销人员在享有较低底薪的情况下，可以根据销售量或销售额获取相应比例的提成。如果营销人员的薪酬模式和行政人员类似，只要每天去拜访客户、努力销售产

品，无论最终的销售额是多少所得的薪酬都一样，那么一定会出现营销人员“有苦劳无功劳”的现象。

“销售提成制”的薪酬模式促使营销人员必须要努力达成更多成交，以提高自身的收入水平。不仅如此，有些企业还会采用“阶梯式提成”，进一步提高营销人员的销售热情。所谓“阶梯式提成”，就是当营销人员超过目标业绩后，根据超额完成的阶段享有更高比例的提成。例如，某企业的营销人员每月的销售定额是10万元，提成比率为2%，即营销人员完成10万元销售额后，即可享有2000元提成。但同时，该企业又规定，当营销人员每月的销售额达到15万元时，则可以享有2.5%的提成比率；销售额达到20万元时，则可以享有3%的提成比率。这就意味着，营销人员每月完成15万元销售额，即可享有3750元提成，完成20万元销售额时，即可享有6000元提成。在这种阶梯式薪酬激励下，营销人员提高业绩所赢得的不是薪酬的等比例提升，而是更高比例提升，这就能有效地激励营销人员积极地向着下一个业绩目标努力。

当然，激励营销人员不能只靠薪酬，个人职业生涯的发展同样是许多营销人员关注的重点。职位的晋升所带来的，不仅仅是薪酬水平的提高，更重要的是能够将营销人员引领至一个新的层次中，提升个人能力，实现个人价值。“不想当将军的士兵不是好士兵”，没有哪一个营销人员心甘情愿地做一辈子基层营销人员，他们都希望能够进入管理层，更好地发挥自身的全部潜能。职位的晋升不应由上级“钦定”，而是要用成绩说话，对于营销人员来说，过往的销售业绩自然是其晋升的重要参考指标。一个没有亲历过基层销售市场的人，一个从没有拿出过出色销售业绩的人，在进行营销管理时必然会纸上谈兵，难以发现和解决存在的或潜在的问题。

对于业绩优秀的营销人员，要以薪酬提高和职位晋升作为奖励，而对于那些业绩不达标的营销人员，则必须扣除相应提成，业绩长期不达标的营销人员还应当予以降职或辞退。

没有与利益和晋升产生联系的绩效考核只会沦为一张“通知单”，仅仅告知员工其业绩是达标还是不达标，没有丝毫的激励作用或警示作用。每次绩效考核后，那些业绩不达标的员工就将结果抛诸脑后，不去想着如何提升自己的工作效率和成果，依旧沿着老路开展低效行动，而那些原本业绩优秀的员工，自然也不会愿意全力付出，这样的绩效考核不仅不具备任何积极作用，还会给整个团队带来消极影响。

07 绩效考核要具有掌控性、可实现性

绩效考核对于团队的业绩提升有着明显的推动作用，但如果团队管理者急功近利，设定了不切实际、难以实现的考核目标，那么绩效考核也就无法发挥其应有的效果。

绩效考核的目标一定要具备挑战性，要让团队成员充分发挥自身的潜力才能达成，但是不能大幅超越团队成员现阶段的能力极限，更不能是“天方夜谭”似的目标，如果绩效考核完全脱离了控制，根本不可能实现，不仅无法激励团队，还会使整个团队陷入消极、绝望的精神状态中。而当团队的绩效目标长期无法实现后，绩效考核本身也会失去“权威性”，会给团队成员留下“绩效目标完不完成无所谓”的印象。

比如，某营销团队在上一季度总共完成销售额100万元，团队管理者将下一季度的团队绩效目标定为120万元，实现20%的销售增长，这一绩效目标就是符合团队能力水平的，通过团队的共同努力和有效的管理，是有可能在下一季度达成的目标。但如果团队管理者将下一季度的团队绩效目标定为200万元，业务量直接翻倍，这在正常情况下几乎不可能实现，同时，由于绩效目标完全超出了团队现有能力，管理者很难拿出切实有效的执行方案引导团队顺利达成绩效目标，这样的绩效考核自然丝毫不具备掌控性和可实现性。

同时，绩效考核目标的确定要力求精准，尽可能不在执行过程中去调整。如果管理者在执行过程中发现绩效不合理，频繁地降低绩效标准，那么也会让团队成员认为绩效并不是绝对的，如果是自己完不成而要下调，这样

绩效就失去了它的约束力。

那么，要如何确保绩效考核具备掌控性和可实现性呢?

首先，开展工作分析，建设绩效指标库

团队管理者要根据企业上层的指示，明确下一阶段团队的总体目标，然后对团队目标进行分解，直至明确团队中每一位成员的具体业绩指标，这一指标既是下一个考核阶段内每位成员都必须完成的最低指标。之后，将每一位成员的绩效指标和工作内容进行汇总，形成绩效指标库，便于随时检查团队成员的绩效完成状况。

其次，根据个人能力和潜力，调整绩效指标

在传达最低的绩效标准后，团队管理者可以根据不同成员的不同能力和潜力，对其提出更高的业绩要求，并进行相应的绩效指标调整。即便是在同一岗位上，也可以针对能力不同的成员安排不同的绩效指标，当然，更要确保成员在完成更高绩效后能够取得更大的利益，避免不公平现象的发生。

最后，制定具备可操作性的执行方案，指导和调整绩效考核

将每一位成员的绩效指标传达到位后，并不是绩效考核的结束，为了帮助每一位成员都能够完成更高的绩效指标，团队管理者必须制定一套具备可操作性的执行方案，带领团队向着更高的目标前进。当团队成员的效率迟迟得不到提升时，管理者要能够及时发现问题，并为其提供一种更高效的工作方法；当团队成员走上弯路错路时，管理者也要及时地“悬崖勒马”，避免他们出现更重大的失误。绩效的达成才是绩效考核的最终目标，停留在纸上的绩效指标没有价值，管理者必须想方设法地带领每一位团队成员去实现它，进而实现整个团队的价值。

要使绩效考核具备掌控性和可实现性，不仅要立足于团队成员的工作能力、立足于上一阶段的业绩，还需要考虑到一些不可控的客观因素的影响。比如，对于具有季节性销售特征、存在明显销售淡季和销售旺季的产品，就需要将这一因素考虑在内。如果下一季度是销售旺季，那么管理者就可以基于上一季度的销量大幅提高业绩指标；如果下一季度是销售淡季，那么管理者反而需要调低业绩指标。

绩效考核的掌控性和可实现性也是相互影响的。具备掌控性的绩效考核，整个团队都能按照一套切实可行的计划去一步步地予以执行，这样自然更具备可实现性。而具备可实现性的绩效考核，才能根据实际的绩效目标制定一套增长方案，指导团队成员如何行动才能顺利达成目标，而不是在一个模糊的或是不现实的执行方案下无所适从。

如今，有许多企业的营销团队在确定绩效指标后会开展“绩效军令状”签订大会，以紧张、激动的氛围让团队成员对绩效目标有真实的感受，而不是“事不关己，高高挂起”。

具备掌控性和可实现性的绩效考核，是一种实事求是的工作态度和方法。绩效考核不是在讲大话、说空话，而是一种严谨的、精确的增长机制，绩效目标的制定需要参考大量真实可信的资料、信息等，而不是由管理者坐在办公室中空想。绩效考核不能视如儿戏，考核标准确定后，就要以“破釜沉舟”的态度去实现。

08 从上到下的决心和意志力

绩效管理，本质上仍然是一种团队管理方式，管理者依然在其中发挥着龙头作用。管理者对于绩效的决心和意志力，将会从源头上影响整个团队对于绩效的决心和意志力。如果管理者本人都没能表现出誓要完成绩效目标的决心，且无法在绩效执行遇到挫折时展现强大的意志力，那么团队成员也会因此而动摇，影响整个团队的状态。

决心和意志力源于信心，如果管理者拥有强大的自信，那么自然就有充分的决心去完成绩效，有坚强的意志力去应对挫折。相反，如果管理者没有自信，感觉团队没有能力顺利完成绩效指标，那么自然也不可能具备决心和意志力。当然，有信心也并非是盲目自信，而是要有根有据。管理者要提出符合实际的绩效目标，要制订切实可行的绩效计划，这才是信心的来源和保证。如果管理者对提出的绩效目标和制订的绩效计划自己都感觉“发虚”，那么又怎么可能具备十足的底气，又怎么可能让整个团队相信自己有能力去完成呢?

管理者树立坚定的决心和意志力只是起点，接下来，管理者需要将这种决心和意志力自上而下地灌输到整个团队中，增强整个团队的精神力量。

首先，管理者在传递决心和意志力时，必须要激情澎湃，无论是言语还是动作都要具备十足的感染力，让每一位团队成员都能充分感受到这种决心和意志力。三星总裁李健熙在一次改革会议上，持续地向各部门经理吼了9个小时，痛批三星当时存在的各种“顽疾”，在这种迸发的感情之下，将自己力求改革的决心和意志力充分传达给了每一位经理，也自此开始了三星的腾飞之路。

其次，管理者在传递决心和意志力时，要以具备说服力的内容为每一位团队成员注入信心。管理者不能只说空话，不能从头到尾只是在不断强调“我们要相信自己能做到”，这种激励性的言语也许在当时能让团队成员信心满满，但是一旦投入到工作中，可能又会觉得心中没底。所以，管理者必须以数据说话，用真实的数据、用详细的方案告诉每一位团队成员，我们有充足的理由相信自己能够完成目标，并不是毫无道理的。

最后，管理者在传递决心和意志力时，要将其符号化、象征化，便于随时唤起团队成员的决心和意志力。比如，管理者可以根据具体的业绩任务和业绩指标设计标语和口号，在每天早会上带领团队成员一起喊口号，将标语悬挂在办公室的显眼位置上，随时为团队成员“打气”，避免团队出现“三分钟热度”的现象。

是否能够时刻展现出强烈的决心和意志力，是否能够顺利地将这种决心和意志力传递给整个团队，带领整个团队“披荆斩棘”，是评价团队管理者能力和水平的重要指标。一个优秀的团队管理者，不仅仅是要将团队打理得井井有条，保证团队能够有条不紊地开展各项工作，同时还要具备强大的精神感染力，要能够随时为团队注入激情、注入信心。想要创造最优的效率和效益，必然要面临着诸多的挑战，团队能力自然是应对挑战的基础，但是是否具备贯彻于整个团队中的决心和意志力，则决定着团队能否正常甚至超常发挥自身的能力。能力相同的两个团队，拥有更加坚定的决心和意志力的那一方，必然能够取得更优的成果。

第6章 脖子以上和脖子以下的销售

对于营销人员来说，人脉是一项极为关键的营销要素。各种人脉汇集起来，就成为了一项资源，而拥有越多的资源，营销人员也就能拥有更多的财源。那么，如何才能积累广阔的人脉呢？这就涉及脖子以上和脖子以下的销售。优秀的营销人员不能将重点放在“脖子以下的销售”，不能只是靠不断地拜访和说服客户来开展工作，而是要将重点放在“脖子以上的销售”，充分地利用自己的头脑和交流能力，与客户建立起紧密的联系。

01 五种缘分，你和客户之间总占一种

营销人员想要与客户建立起良好的人际关系，首先就要寻找与客户的关系接点，用通俗的话说，就是要寻找与客户之间的缘分。有缘之人，总是会“相见恨晚”，总是能够快速地拉近彼此之间的距离，推心置腹地进行交流。

那么，人与人之间究竟有哪些缘分触点呢？在中华民族优秀文化的基础之上，结合了道家“六亲和睦”与儒家“五伦”伦理观念，“五缘文化”被随之提出，该观念认为，人与人之间的人际关系，总是以五种缘分相互联系的。

（1）亲缘

亲缘主要就是亲戚关系，包括你的直系亲属和非直系亲属在内，都是和你有亲缘关系的人。不仅如此，在我国的传统文化下，不只是血亲和宗亲，一些假亲（比如义父义母、结拜兄弟等）同样是和你有亲缘关系的人。

亲缘关系是每一位营销人员都必定具备的，也是营销人员最为稳定的关系。你总是能够轻易地取得亲戚，特别是至亲的信任，这大大降低了营销人员被拒绝的可能性，避免了营销人员不断说服客户、取得客户信任的过程。即便有些具备亲缘关系的人可能对产品本身并不是那么感兴趣，但也有可能出于“支持工作”的想法而选择成交。

通常情况下，只要产品定位合适，我们都推荐营销人员先从与自己有亲缘关系的人展开营销，如果营销人员连自己的亲戚都说服不了，那么就很难去说服陌生的客户。即便这些“亲缘客户”无法成为营销人员的长期客户、大客户，但是必定可以帮助营销人员顺利迈出营销工作的第一步。

（2）地缘

地缘主要是指邻里关系、乡党关系等，而随着所处环境的不同，这种关系的范围也会发生变化，即我们常说的“小同乡”和“大同乡”。比如，当你在自己的家乡中，那么邻居就是与你有紧密地缘关系的人；当你来到外地，那么老乡就是与你有紧密地缘关系的人；当你来到国外，那么每一个中国人都是与你有紧密地缘关系的人。

“老乡见老乡，两眼泪汪汪”。当你长期在一个人生地不熟的城市工作，突然见到了与自己来自同一城市的客户，即便你和他完全不相识，也一定会倍感亲切，而对方也必定会有同样的感受。有地缘关系的人，具备相近的价值观、生活习惯、文化习俗等，这对于“营销破冰”有着显著的作用。

正如上文所说，地缘关系的作用程度是会改变的，如果你是在自己的家乡开展营销工作，那么去拉老乡关系效果就很不明显。而你所处的环境越是陌生，虽然会使你的工作开展越发困难，但也会为你带来更多具备地缘关系的客户。

（3）物缘

物缘主要是因物（比如土、特、名、优等产品）而产生的关系，通常表现为两者之间共同的兴趣喜好。例如，你和你的客户都特别爱喝茶，对各类茶叶、泡茶方法、饮茶方式等颇有研究，可以相互交流茶道和茶文化等，那么就能形成物缘关系。物缘关系不仅仅局限于真实的物体上，像是登山、钓鱼、游泳等活动同样可以形成物缘关系。

物缘关系能够为营销人员提供与客户沟通交流的话题，或是与客户开展公关活动的项目，这不仅有利于给客户留下深刻的印象，赢得客户的好感，同时也便于在成交之后维护和强化客户关系。

物缘一定要“随缘”，一定要保证自己与客户确实有共同的喜好，而不要去一味地迎合客户的观念，不懂装懂，如果你对某件事物没有深入的研究理解，必然会在后续的交流中“露馅儿”，丧失客户对你的信任。

（4）业缘

业缘主要是同学关系、同行关系，由于有共同的事务，有着共同的利益和业务关系，有着相互之间交流切磋的需要和愿望，因此更容易展开交流。业缘的关系同样很广泛，哪怕你与客户只是共同参与过某个培训班，有过短暂的共同学习时光，都可以借此建立业缘关系。

营销人员在寻找客户时，可以找到以前关系较亲密的同学介绍产品、开展销售工作。同样也可以从相关行业中寻找客户，这样更有利于让产品符合目标客户的需求。

在相同的行业中，从事过相同的工作，人们总是更容易产生共鸣。比如，如果你的客户以前从事过销售工作，特别是同类产品的销售工作，那么他一定更容易理解你的辛苦和难处，即便不会立即成交，也一定会愿意给你更多的时间和机会。

（5）神缘

神缘就是拥有共同宗教信仰的关系，作为一种强大的精神力量，拥有相同宗教信仰的人群之间，甚至能够产生可以比肩兄弟姐妹关系的强大力量。

比如，营销人员与客户都信仰佛教或是基督教等宗教，那么双方不仅可以有许多相互交流的话题，还可以共同参与一些宗教活动，这更有利于双方关系的建立和强化。

与物缘相同，神缘也同样要“随缘”，而且要更加严肃对待。如果营销人员确实没有相应的宗教信仰，切不可随意地附和，这很可能引起客户的反感或愤怒，甚至让客户永远不愿意再与你进行交流。

营销人员必须记住，与客户建立关系，积累客户资源，并非是无从下手的工作。亲缘、地缘、物缘、业缘、神缘，这五种缘分关系，你和客户之间总是能够占据一种或多种。而在这五种缘分关系的支持下，与客户沟通不再困难，取得客户的信任不再困难，以客户关系为依托的销售成交也会自然而然地到来。

02 取得客户信任的五个要素

与客户建立紧密联系和深厚感情的前提是取得客户的信任，如果客户不相信营销人员个人或是其推销的产品，那么根本不可能再进行更进一步的沟通交流，双方之间的关系可能就会止于“初次见面”。

取得客户的信任，关键还是要看营销人员个人，营销人员的品质、涵养等精神特质和沟通水平、交流技巧等工作能力，都会影响到客户的信任感，最终决定着客户是信任你还是不信任你。

总体而言，营销人员想要取得客户的信任，必须要具备以下五大要素：

（1）正直

正直就是要直言不讳、敢作敢为，能够坚持工作原则，并能够勇敢地承认自己的过错。有些营销人员对客户遮遮掩掩，或是阿谀奉承，只说客户想听的或希望听到的，而对于一些客户不愿听的但对客户有着重大意义的内容却闭口不谈，尽管这样也许能够快速赢得客户的信任，但这种信任却是不稳定的，一旦“东窗事发”，失去了的客户信任就很难挽回。还有一些营销人员为了避免客户对自己的工作产生质疑，即使犯了错也会坚称自己没有错，这也是一种不正确的处理方式，只会让客户认为你在百般狡辩，不敢承担责任，反而会失去客户的信任。

（2）能力

营销人员工作能力和沟通能力的强弱，也是能否取得客户信任的重要要素。如果营销人员业务不熟，对产品没有绝对的了解，面对客户的提问回答不上或是答非所问，客户又怎么可能产生信任感呢？另外，如果营销人员沟通能力不强，在介绍产品信息时吞吞吐吐，或是找不到新话题导致“冷场”，也是难以让客户产生信任感的。所以，营销人员想要赢得客户的信任，必须打牢基础，提升自己的工作能力和沟通能力，要对产品有充分的了解，要能够应对各种突发问题，这是营销人员立足的根本。

（3）忠实

忠实就是忠厚老实、不弄虚作假，营销人员必须要时刻为客户着想，不能为了提高销售业绩就通过一些虚假宣传或误导性信息去诱使客户消费，这样也许能够为营销人员多带来一笔订单，但代价却是永远失去客户的信任。忠实是每个人在社会中立足的根本，营销人员只有诚实守信、说一不二，才有可能赢得客户的信任。反之，如果营销人员在与客户的交往中工于心计，让客户提防你都来不及，又怎么可能信任你呢？有些营销人员说了，做人太老实会吃亏，也许从一起事件或短期来看是如此，但长期来看，那些真正成功的营销人员，绝不是靠花言巧语取得一时利益的人，而是那些靠忠实的态度赢得了客户信任的人。

（4）一贯

一贯就是营销人员对待客户要始终如一，不应该因客观因素的变化而变化。有些营销人员，当客户有购买需求，或是准备成交时，总是百般殷勤，像对待上帝一样地对待他们，平时还会嘘寒问暖、保持互动。而一旦客户没有了购买需求，暂时无法为自己提供业绩时，营销人员就对客户不闻不问、彻底冷落。这种表里不一的做法很不利于赢得和维持客户的信任，只会让客户觉着你是一个“唯利是图”的小人。客户存在消费周期，或是暂时没有消费需求，都是很常见的现象，如果营销人员不能在客户的“消费淡季”始终如一地做好客户服务，进行互动沟通，一旦与客户之间的关系疏远，或是被竞争对手趁虚而入，那么即便到了“消费旺季”也会永远地失去这个客户。

（5）开放

开放就是营销人员要保持开放的态度，要能够听取客户不同的声音、不同的意见，并解答客户的疑问、解决客户的异议等。虽然营销人员不应该百般附和客户，但也不能固执己见，即便要坚持原则，也要在言语上进行引导而不是对抗。比如，当客户由于个人知识局限提出了一种错误的或是不合理的观念时，营销人员应该耐心地予以解释，而不是盲目反驳甚至是冷嘲热讽。当客户提出了不同的意见时，营销人员应当进行换位思考，分析客户为什么会提出这样的意见，要能够理解、接纳客户的言行，这样才能赢得他们的信任。

如果营销人员能够在正直、能力、忠实、一贯、开放这五项要素上都具备出色的表现，那么赢得客户的信任并不困难，客户也会很愿意和这样的营销人员去沟通交流、去开展业务。最重要的，就是营销人员要具备正确的观念、良好的态度，不要总是想“投机取巧”，扎实地处理好与客户的每一次会面、每一次交谈，才能使客户的信任感不断地积累、维持和升华。

03 如何全面取得客户的信任

通过营销人员个人的正直、能力、忠实、一贯、开放等要素，可以同客户构建良好的信任关系，但要全面取得客户的信任，仅仅如此是不够的。营销的最终目的，是让客户购买，而不是与客户仅仅成为朋友，这就要求，不仅要让客户信任营销人员，还要让他们信任你的产品，信任你的公司，等等，只有在各个方面都取得客户的信任，才能顺利成交。

而为了要让客户对营销人员、产品、公司都产生信任感，就需要开展以下工作：

（1）树立公司品牌

品牌对于客户信任具备强大的引导作用，一个人在选择一件产品时，总是会选择耳熟能详的知名品牌。同样，如果公司品牌能够深入人心，那么其旗下的产品也必然能够较容易地赢得客户信任。

树立品牌是一个长期的过程，需要借助持续的经营和市场中的拼搏才能取得成功，才能使客户认可品牌、选择品牌。这就需要在公司运营的过程中，坚持品牌战略，从产品的设计、生产和销售的各个环节中注入清晰的品牌印记，为客户留下深刻的印象。

（2）展示公司实力

公司实力包括公司的资金实力、经营规模等，虽然公司实力的强弱并不能代表产品的好坏，但是总体看来，那些具备强大实力的公司必然已经在市场中取得了成功，在产品的设计、质量、性价比等方面都具备一定的优势，因而更容易赢得客户的信任。

同时，公司实力不仅包括资金、规模等硬实力，公司文化、团队激情等软实力同样也是赢得客户信任的关键。如果客户看到公司的每一位成员都热情洋溢、兴致勃勃地投入到工作中，一定会感觉这是一家“幸福公司”。而如果看到公司成员无精打采、懒懒散散，自然会对公司的经营、产品的质量产生怀疑。

（3）引导公司口碑

在互联网时代，口碑在公司宣传中占据着越来越重要的地位，客户不会再盲目相信公司的产品信息和产品广告，他们更愿意相信已消费群体的直观评价。一个拥有良好口碑的产品，总是能够让更多的客户去尝试和使用。

良好的口碑，源自于出色的产品质量和精确的产品定位，只有产品质量优异并能够满足目标客户的切实需求，才能让客户打心底里满意，才能促使他们愿意去主动宣传产品的优势，成为公司最忠实、最有效的“宣传人员”。

公司不仅要引导正面口碑，还要及时地消除负面口碑。营销人员要及时发现和捕捉客户的不满，并制定出相应的解决方案或弥补措施挽回客户的信任，把客户的不满消灭在“襁褓”之中，避免负面口碑的形成和扩散。

（4）展示公司荣誉

公司荣誉既代表着过往的成功，同时也是公司资质和实力的表现，那些拥有着相关领域的获奖证书、专利证明等荣誉的公司，必然比那些“一无所有”的公司更容易赢得客户的信任。

公司可以将相关的荣誉证书放置在公司的显眼位置，也可以在品牌及产品宣传中将一些对客户有引导作用和说服作用的荣誉添加其中，营销人员同样可以在与客户沟通时强调公司取得的成就证明，打消客户的疑虑。

（5）占据市场制高点

占据市场制高点，就是要尽可能成为龙头公司，成为一个领域或细分市场的“领头羊”。人们总是会记住“冠军”，而不会关注“亚军”是谁，只有达到最顶尖的状态，才能赢得客户最强烈的信任。每一家公司，都应该力图成为行业标杆，“居高临下”地引领市场。

并不是每一家企业都能成为行业中的最强者，但是却可以通过市场细分和客户细分来达到占据市场制高点的效果。比如，某地区的服装厂商，综合的产量、质量等都无法占据前列，但在牛仔裤生产方面却首屈一指，那么该厂商就可以立足这一单品开展营销活动，占据该细分市场的制高点。

（6）营销人员职业化培训

公司要统一对全体营销人员进行职业化培训，全面提升其专业能力、职业形象、职业素养等，这不仅有利于让客户信任营销人员，拥有一支具备极高职业素养的营销团队，也能从根本上提高公司的营销执行力和效果。

营销人员的职业化培训应当贯穿于营销人员职业生涯的始终。营销人员入岗前，需要对其开展岗前培训；营销人员在工作过程中，也要定期进行培训，或是根据其不足开展针对性培训；营销人员转换岗位或是晋升到一个新高度时，也要展开相应的培训，使其迅速适应岗位工作。

想要全面取得客户的信任，就必须在品牌形象、公司实力、公司口碑、公司荣誉、市场地位、人员素质等各方面都实现卓越，让客户对营销人员、产品和公司本身都深信不疑。当客户不再对产品质量、公司资质、营销人员素质有所怀疑时，营销工作便能够减少许多阻力，进而缩短成交环节。

04 影响人际关系的五个要素

人际关系，有亲疏好恶等不同表现，而不同的人际关系状态，受到着各种主客观因素的影响。营销人员想要与客户建立起紧密、和谐的人际关系，首先应该清楚人际关系会受到哪些具体因素的影响。

（1）空间距离

人际关系首先会受到空间距离的影响，通常情况下，营销人员与客户的空间距离越小，人际关系就会越紧密。当营销人员与客户的空间距离相近时，比如两者在同一城市、同一地区，那么相互之间就会具有相似的生活状态，就会产生更多的共同话题，使双方更容易站在“同一战线”。同时，当营销人员与客户的空间距离相近时，营销人员可以更方便、更迅速地拜访客户，可以与客户共同参与一些活动，这样更容易拉近双方的距离。

虽然空间距离的远近对人际关系亲疏的影响并非是绝对化的，但是必然存在一定的影响，从总体来看，营销人员总是更容易与本地客户建立起紧密的联系，与外地客户建立起紧密的联系往往要付出更多的努力。

（2）交往频率

交往频率是影响人际关系的直接因素，按照经验，即使是在与朋友的交往过程中，那些频繁会面、经常参与共同聚会的朋友更容易产生深厚的情谊，而那些联系频率很低的朋友很可能会渐渐疏远。营销人员与客户的交往，也是同样的道理。无论与客户有没有业务往来，都要保持一定的交往频率，否则，当关系疏远时可能需要花费更多的时间和精力去重塑关系。

不过，与朋友之间的交往不同，营销人员与客户之间的交往一定要把握好“度”，过于频繁的交往并非是最佳的选择，如果营销人员每天都要去拜访客户，那么很容易让客户产生“催单”的感觉，反而会引起他们的不快。营销人员可以适当放宽客户拜访的频率，比如三天一拜访、一周一拜访等，具体的周期可以根据与客户当前的关系来确定，而在平时，可以通过微信、QQ等手段适度地与客户交流，控制交往频率。当然，如果是客户主动联络，那么则完全可以随时欣然应允。

（3）需求互补

利益关系也是人际关系中的重要组成部分，当交往双方对对方都有所需求，能够产生需求互补时，往往有更加直接和强烈的动力构建紧密的人际关系。

在营销人员与客户的交往中，营销人员对客户的需求自然是达成成交，而客户对营销人员的需求可能是为了获取优惠或为了获取更优质的服务等。当双方都存在这种强烈的需求时，建立紧密的关系便水到渠成。而如果客户对产品本身或是增值服务的需求并非是那么强烈，那么营销人员就比较难以与其建立紧密的联系。而营销人员对于客户的需求也同样有强弱之分，营销人员可能对大客户的成交需求更强烈，对普通客户的成交需求就相对较弱。因此，营销人员往往会同大客户建立更紧密的联系，这也是符合营销原理的。

（4）人品素质

交往双方中任何一方的人品素质都会对人际关系产生影响。如果营销人员人品不佳、素质低下，站没站相，坐没坐相，满口粗言秽语，那么客户肯定不愿意与其交心，更不愿意与其建立更进一步的关系。这对于客户也是一样，如果客户的人品不佳、素质低下，对于营销人员连最基本的尊重都没有，那么即便营销人员硬着头皮去拜访，在内心深处也一定存在着强烈的排斥感，这肯定不利于双方人际关系的和谐。

营销人员很难去要求客户的人品素质，但完全可以提升自身的人品素质。无论拜访的客户的人品素质是优是劣，营销人员都应该展现出最佳的形象，这样才有可能树立良好的口碑，吸引更多的优质客户。

（5）相似程度

“物以类聚，人以群分”。拥有相似价值观、兴趣爱好的人群总是更乐于聚在一起，也总是更容易建立起和谐、紧密的人际关系。当营销人员与客户的相似程度较高时，即便不刻意地与客户拉近关系，双方也能在日常交往中自然而然地建立起深厚的情谊，这种来自精神层面的相互吸引是无法被抑制的。

当营销人员发现同客户具备相似之处时，可以和客户多讨论一些感兴趣的共同话题，多组织一些感兴趣的活动等，通过这种方式建立起来的人际关系，不仅牢固，也不易受到竞争对手的影响。

在影响人际关系的五个要素中，既有可控的要素，比如交往频率、人品素质，也有不可控的要素，比如空间距离、需求互补、相似程度。影响人员应该在可控要素上做到最好，然后在不可控要素中把握对自身营销最有利的机会，与最合适的客户群体建立起最牢不可分的人际关系。

05 如何培养客户的忠诚度

想要同客户开展高效的、持续的业务往来，就是要不断培养客户的忠诚度，让客户成为老客户、回头客，从而进行二次销售、深度销售，这不仅能够提高销售效率，也能提升客户对产品、对品牌的依赖程度，积累庞大的客户资源。

那么，营销人员要如何培养客户的忠诚度呢？其实很简单，就是要满足客户重要的、唯一的、不可替代的需求，满足客户超越业务层面的更高层次的需求。培养客户忠诚度的过程，实际上就是满足客户需求的过程。如果连客户最基本的需求都无法满足，那么客户又有什么必要去消费你的产品并对品牌产生忠诚度呢？

满足客户重要的、唯一的、不可替代的需求，就是要做好客户定位，寻找客户的潜在需求。不同的客户对于同一件产品的需求点有可能是不同的，不同的需求点就需要营销人员开展不同的营销重点，如果营销人员描述的产品信息与客户的需求点“驴唇不对马嘴”，即便你的产品能够满足客户的需求，他们可能也会最终拒绝。营销人员在与客户的交流过程中，要用心倾听，深入分析客户话语背后的信息，找出客户隐藏的或是他们自身都没能发现的需求点，然后从这一需求点出发对产品特性进行重点介绍，让客户感受到这件产品能够解决自己的切身需求，他们的成交意愿自然会大幅提高。而在成交之后，客户在使用产品的过程中，感到这件产品确实很好地解决了自己的需求，对于产品和品牌的忠诚度就会随之产生或提升。

满足客户重要的、唯一的、不可替代的需求，并不能保证客户一定会对产品和品牌抱有最强烈的忠诚度，因为不能排除市场中竞争对手的同类产品也能满足客户的此类需求。因此，营销人员必须超脱于业务之外，满足客户超越业务层面的更高层次的需求。当你能够为客户提供竞争对手所不能提供的额外服务时，你的营销竞争力就会更强，客户的忠诚度也会更高。

当然，出于营销成本的限制，在营销过程中很难一一满足每一位客户的深层次需求，这就必须要有所取舍、有所限制。通常，营销人员要尽可能优先满足大客户的深层次需求，对于普通客户则要在有所余力的情况下尽可能满足他们的需求。比如，在银行网点经营中，会为VIP客户开设特别窗口，让他们能够少排队，更快地办理业务，这就是在满足他们的深层次服务。还有一些企业会对大客户开通一些增值服务，或是为其提供额外的优惠，这同样是在满足他们的深层次需求，这些大客户获得的不仅仅是物质上的优惠，同时还有精神上的满足，他们自然愿意更忠诚地购买企业的产品，与企业开展更多、更频繁的业务往来。

对客户忠诚度的培养，应当贯穿于营销的始终，从初次接触客户直至客户离开，都要在不同的阶段内采用相应的措施培养、维护、强化客户的忠诚度。

（1）消费决策期

消费决策期是客户对产品和品牌有了一定的了解，产生消费意愿但尚未最终成交的阶段。这一阶段的客户忠诚度培养要牢牢抓住品牌建设和推广，运用品牌效应去吸引客户。只有拥有极具特色的品牌形象，才能给客户留下深刻的印象，才能在客户真正消费之前就对品牌充满好感。

（2）消费初始期

消费初始期是客户开始购买企业的产品，但尚未成为忠实客户的阶段。这一阶段的客户忠诚度培养要狠抓质量，包括产品的质量和服务的质量，只有为已消费的客户留下良好的第一印象，让客户觉得物有所值甚至是物超所值，他们的满意度才能提高，才有可能进一步升华为对产品和品牌的忠诚。

（3）持续消费期

持续消费期是客户开始进行重复消费，成为了企业稳定的、忠诚的大客户、老客户的阶段。这一阶段的客户忠诚度培养，就是要充分运用多种营销策略，维持并提高客户的忠诚度。比如，开展线下聚会，加强情感交流，让双方的感情不止于业务层面；可以构建VIP优惠方案，为这些大客户、老客户提供赠品、折扣等优惠。

（4）潜伏转向期

潜伏转向期是客户的消费开始不稳定、减少消费或是转向竞争对手消费的阶段。这一阶段的客户忠诚度培养应该以“挽回”作为重心，要及时洞察客户消费不稳定的现象，认真调查分析客户转变的原因，并及时调整营销及服务策略，挽回客户的心。比如，可以进行产品创新，可以执行新的价格策略，可以处理和解决客户的不满，这些都是挽回客户忠诚度的方法。

（5）消费转向期

消费转向期是客户已经完全不再消费并成为了竞争对手新客户或忠诚客户的阶段。这一阶段的客户忠诚度培养应该以“调研、调整”为中心，要弄清楚客户消费转向的具体原因，在企业力所能及的情况下调整产品策略、服务策略及营销策略，尽力去争夺客户，让客户重新成为忠诚客户。

客户忠诚度的培养不是一蹴而就的，也不是阶段性的。对于陌生客户，需要大力培养忠诚度，而对于忠实客户，同样需要进一步维护其忠诚度。忠实客户未必会永远忠诚，一旦有所怠慢，很有可能会损害其忠诚度，甚至让竞争对手“趁虚而入”，让本属于自己的忠实客户成为了竞争对手的忠实客户，遭受双重打击。

06 与客户深入交往的艺术

每一位营销人员都希望能与客户进行更深入的交往，从而构建更紧密的人际关系。那些能够与客户推心置腹进行交流的营销人员确实让人羡慕，但并非每一位营销人员都能与每一位客户进行深入交往。对于营销人员来说，与客户的深入交往既是一门技术，但更是一门艺术，有许多可以学习钻研的内容。

那么，营销人员可以通过哪些方法突破与客户的业务关系，进行更加深入的交往呢?

（1）学会间接说服客户

在与客户交往的过程中，营销人员需要面临大量需要说服客户的情况。当客户对产品存在疑虑时，需要营销人员说服；当客户存在异议时，需要营销人员说服；当客户提出不满或抗议时，同样需要营销人员说服。不过，许多营销人员在面对这些情况时，因为急于维护自身利益和销售形象，往往会对客户直接反驳，希望“强硬”地说服客户，但最终的结果往往极不理想。

无论是客户提出的是真实异议还是虚假异议，直接反驳都不是一个好的处理方式，这会强化客户的对抗心理，反而会让客户坚持己见，甚至会导致客户出现新的不满。在说服客户时，营销人员一定要学会另辟蹊径，通过启发的方式让客户自己“说服”自己。

一位老年代步车店的营销人员在向客户介绍一款全新产品，但该客户很快提出异议：“你们的这款产品最高时速只有40公里，而我在另一家店看的产品却能达到60公里。”这名营销人员随即解释道：“您要知道，老年人由于反应能力下降，如果开车的速度过快，很有可能来不及刹车而发生意外。而我们这款产品，最高时速就限定在40公里，可以有效地确保安全性。”

这位营销人员就采用了间接说服的方法，既没有直接质疑或反驳客户的话，又从另一层面描述了产品的优势，委婉地让客户接受了自己的观点。

（2）时刻以客户为中心

营销人员想要同客户进行更加深入的交往，必须要时刻以客户为中心，只有随时为客户着想，围着客户转，才能让客户更信任你、更喜欢你，自然才会更愿意同你深入交往。

以客户为中心，说起来容易做起来难。许多营销人员，口口声声说自己是在以客户为中心，但实际上往往还是以自我为中心、以业绩为中心。他们时时刻刻在考虑的，并非是如何通过更好的服务让客户接纳自己，而是如何说服客户去购买产品。在这两种截然不同的出发点下，营销人员所采取的具体的沟通策略和销售行为也存在重大的差别，那些以自我为中心、以业绩为中心的营销人员，也许能够取得不错的销售成果，但是却难以成为客户的朋友，难以构建庞大的人脉网络。

（3）善于把握客户心理

我们在结交朋友时，都希望同善解人意的人做朋友，营销人员与客户的交往也是同样的道理。如果营销人员能够做到善解人意，准确把握客户的心理状态并进行相应的沟通交流，客户一定更愿意敞开心扉，与营销人员进行更深入的交往。

首先，营销人员要通过客户的言谈举止把握客户当前的情绪，是兴奋还是沮丧，是高兴还是愤怒。当客户心情较好时，营销人员可以询问其遇到了什么喜事，主动进行祝贺；当客户心情不好时，营销人员则要询问其遇到了哪些烦心事，帮助客户排遣郁闷的心情。其次，营销人员要能够识别客户的“话中话”，客户有时候出于面子问题或是试探心理，未必会直来直去地对营销人员实话实说，营销人员要能从客户的话语中分析捕捉客户的真意，解决他们的真实问题。

（4）不吝言辞赞美客户

营销人员一定不要吝惜自己的赞美之词，要抓住一切机会对客户进行由衷的赞美，无论是工作上还是生活中。比如，客户的企业业绩取得了突飞猛进的增长，营销人员就可以赞美其经营有方、决策英明；再比如，客户请营销人员品新茶，营销人员也可以对茶叶、对客户的品位大加赞赏。没有任何人会拒绝赞美、厌恶赞美，每个人或多或少都会存在希望被奉承、被认同的心理，这是一种扎根于内心深处的潜意识。

当然，赞美客户不是盲目地“拍马屁”，对客户的赞美不仅要“有理有据”，还要称赞到“点子”上，这样才能让客户感受到营销人员是在发自真心地赞美，而不是表面上的奉承。同时，营销人员还要把握好赞美的“度”，对于客户的一些杰出成就，应该大加赞赏，而对于一些小事，则可以简单地表示祝贺，要让赞赏变得极为自然，而不是在“逢场作戏”（后面再专门阐述）。

与客户的深入交往，并不像许多营销人员所认为的那样困难。许多营销人员之所以同客户止步于销售者和购买者的关系上，主要还是因为其将客户仅仅当作客户看待，而没有当作朋友看待。营销人员只有像对待好朋友一样真心实意地对待客户，赢得客户的好感，客户才有可能在业务和生活两方面都同营销人员进行交往，双方的交往程度才能就此加深。

07 打动客户最直接的方法

营销的第一步，或者是与客户建立关系的第一步，就是要打动客户，如果客户对营销人员完全漠不关心，又怎么可能进一步地沟通交流呢?

打动客户有许多方法，经验老到的营销人员会运用各种策略去吸引客户的目光和注意力，让客户对自己产生认同感。不过，在这些打动客户的方法中，最直接、最基本的方法当属微笑和眼神。

(1)微笑

“没有面带微笑，你就不能说有了完整的工作着装。”“微笑使人们很想知道你想做什么。”这些对微笑的溢美之词，都表明了微笑具有非凡的魅力和感染力，始终面带微笑，不仅是对客户的尊重和欢迎，同时也是打动他们的重要工具。

无论是接待客户还是拜访客户，面带微笑都是很有必要的。在接待客户时，如果客户看到了满面笑容的营销人员，一定会感到自己来对了地方，一定能够处在一个让自己感到舒适的环境中；而在拜访客户时，如果营销人员面带微笑，那么不仅能够展现出良好的职业素养和精神状态，也能使客户不会强硬地拒绝你。

微笑是具备强大的感染力的，如果你能够向客户展示真诚的微笑，那么一般情况下客户很难一脸不悦地面对你。面对对方的微笑回以微笑，是一种基本的礼仪，而在这种简单的微笑中，也能为双方接下来的交流奠定一个好的基础。

我国有句古话：“人不会笑莫开店。”充分说明了微笑对于人际交往和事业的重要性。而外国的俗语则更加直接：“微笑亲近财富，没有微笑，财富将远离你。”微笑本身不需要任何花费，但却价值连城。

法国巴黎的科尼克亚购物中心临近开业，而经理却为销售人员的工作制服而苦恼，他看着数家服装公司送来的竞标样品，尽管设计都很出色，但在销售人员穿上后却总觉得缺少了什么。于是，这位经理找到了世界著名的时装设计大师丹诺·布鲁尔征求意见。这位服装设计大师在听了经理的话后，对他说：“其实员工穿什么衣服并不重要，关键要时刻面带微笑。”如今，科尼克亚购物中心已经成为了巴黎最大的购物中心之一，并且以一流的服务和微笑而著称。

作为营销人员，微笑一下并不费力，却能产生无穷的魅力。微笑务必要发自内心，只有最真挚的微笑才能打动客户，要在微笑中去了解和发掘客户的需求，去感知他们的心智，同时让他们感受到你的微笑。

（2）眼神

人们常说，“眼睛是心灵的窗口”。而作为眼睛的总体活动，眼神在人们的交流中占据着重要的地位。一个善于交流的人，一定会充分运用好自己的眼神，淋漓尽致地表达自己内心的情绪。更有一些营销专家提出，“眼神就是营销竞争力”，那些会运用眼神交流的营销人员总是更具优势。

在营销人员与客户的交流过程中，眼神往往比话语更能使对方专注。营销人员无论在叙述还是倾听中，都一定要专注地看着客户，这能给对方留下好印象，赢得对方的好感。如果营销人员在同客户交流中眼神飘忽，从头到尾没有正眼看过客户一眼，那么不仅会让客户觉着你很没有礼貌，还会让客户感到你对他漠不关心。

学会用眼神同客户交流，还可以在不便于说话的情况下向客户传递信息。比如，当客户正在与同行者进行交谈，销售人员不便于上前打断他时，可以用热情殷切的眼神望向他，向他传递一个“愿意为其服务”“能够为其服务”的信息，当客户注意到销售人员的眼神后，可能就会主动地寻求帮助。

不过，运用眼神交流，也需要掌握一些基本的原则和技巧。第一是要注意注视客户的位置，在一般情况下，直盯着对方眼睛看是不礼貌的，营销人员应该将眼神的焦点放在客户的眼睛下缘部分，既让客户感觉到你正在关注他，同时避免直视客户的眼睛造成尴尬。第二是要注意注视客户的时间，长时间地紧盯着客户也会让对方感到浑身不自在，通常我们建议采用10秒钟规则，在10秒钟内用眼神向客户传递一种信息后可以暂时转移视线，然后再重新关注客户。在这种张弛有度的状态下，才能使客户感受到最自然、最舒适的眼神交流。第三是要注意眼神交流要始终如一，不要客户到来时眼神热情，等客户离开后就冷眼相送，无论客户是否能看到，都要始终用最热情的眼神去应对。

微笑和眼神，都是常用且有效的非语言沟通方式。营销人员要学会微笑服务，同时要避免“职业式微笑”，而是要露出“真心式微笑”，在微笑之余，还可以同时运用眼神交流向客户传递一种信息或情感，在自然而然中打动客户，为客户留下良好的印象。

08 建立亲和力的四个要点

亲和力，就是使人亲近、愿意接触的一种力量。营销人员沟通说服客户的第一步，就是要建立亲和力，如果没有亲和力，就很难赢得客户的好感，难以说服客户顺利成交。建立亲和力，就是要同客户保持四个同步，正所谓"物以类聚，人以群分"，营销人员与客户的"相似度"和"同步度"越高，就越是容易建立亲和力。

（1）情绪同步

情绪同步，就是营销人员要理解客户的情绪状态，并在一定程度上与其达成一致。比如，当客户满脸笑容时，营销人员也应当露出高兴的神情；当客户面露怒意时，营销人员则要保持严肃；当客户伤心难过时，营销人员也应该表示同情。

不过，有时候客户并不会将自己真实的情绪表露出来，对于那些保持"扑克脸"的客户，营销人员要想方设法地走进他们的内心世界，站在对方的角度去思考、去判断、去行动、去联想，掌握他们当前的真实情绪。当营销人员能够同客户保持情绪同步时，不仅能让客户有被理解、被重视的感觉，也能使营销人员给客户留下"善解人意"的印象。

（2）语言同步

语言同步就是在沟通的话语上尽可能配合客户的习惯，尽可能去保持一致。有些营销人员可能会有疑问，同客户沟通，自然要使用相同的语言，又有什么必要去保持同步呢？中国地大物博，不同地区都有着各自的方言，如果营销人员和客户来自于同一地区，在交流中偶尔加入几句特色方言，一定能够让客户倍感亲切。特别是对那些为家乡方言感到自豪的客户，运用方言私下交流可能能够大大增加他们的好感。

不仅如此，语言同步还包括语速同步、语言量同步、用语习惯同步等。语速同步就是配合客户的说话速度，客户是语速快的人，我们就要提高语速，客户是语速慢的人，我们就要降低语速。语言量同步就是配合客户的话语长度，如果客户说话简洁，我们也要简洁应对，如果客户说话委婉，我们就委婉应对。用语习惯同步就是在词汇、术语、口头禅的使用上与客户保持同步，比如一些年轻客户可能会使用一些网络流行语，而一些年长客户则更多地使用正式、稳重的语言。

（3）生理状态同步

生理状态同步包含的内容有动作、表情、呼吸等，这些要素展示了客户不同的生理状态。

在同客户面对面的交流中，营销人员可以直观地看到客户的动作、表情等，感受客户的生理状态，从而能够轻易地同客户保持一致。生理状态，其实很大程度上还是在反映一种心理状态：客户手舞足蹈，表明他现在很兴奋；客户垂头丧气，表明他现在很失落。与客户保持生理状态同步，能够让客户感到自己被理解，进而能强化他们的积极心理，削弱他们的消极心理。

但是，当营销人员与客户进行电话交流、网络交流时，又要如何保持生理状态同步呢？虽然营销人员不能直观地察知客户的生理状态，但是却可以从客户的用语来判断和联想其当前的状态，是欢欣鼓舞还是局促不安。在电话交流时，营销人员还可以感知客户的呼吸，如果客户呼吸微弱，那么他可能身体不适，如果客户呼吸急促，那么他可能是刚刚进行过锻炼。发掘出这些不同的生理状态，能够为接下来同客户的交流寻找新的话题。

（4）观念同步

观念同步就是与客户的思想状态、对不同事物的看法保持一致。比如，客户说“我喜欢”，营销人员不能说“我讨厌”；客户说“我欣赏”，营销人员不能说“我反感”；客户说“我崇拜”，营销人员不能说“我恶心”。当然，营销人员不可能凡事都同客户的观念同步，营销人员也不必凡事都去附和客户，面对自己不认同的观念可以选择沉默，不发表意见，而不要同客户针锋相对。

如果营销人员与客户的观念一致，一定能够让客户有找到了知己的感觉。比如，营销人员和客户都喜欢看足球，而且都支持同一支球队，崇拜同一个球星，两个人一定有相见恨晚、无话不谈的感觉，这能够在瞬间拉近两者的距离。

正因为一个人的观念难以轻易改变，所以当客户遇到“知己”时才会愈加兴奋。每一个人，都希望自己的观念能被他人认可，都希望同他人交流同一种观念，遇到具备相同观念的人，客户一定会放下戒心，给予营销人员更多的机会。

当营销人员与客户建立了良好的亲和力后，与客户的关系就能上升到一个全新的层次，能够给客户留下“这个人我很熟悉、很了解”的感觉，客户对于营销人员的信任和好感也会随之而来。

09 赞美的力量

在与客户进行深入交往时，赞美是一种重要的方法，因为，赞美的力量远比许多营销人员所想象的更加强大。每一个人都喜欢听到他人真诚的赞美，花上几秒钟向对方说一些赞美的话，能够有效地增进双方的情谊。有些营销人员，不好意思赞美别人，这是一种很不理想的工作状态，让自己养成赞美的习惯，你会发现，你的人际关系会很快发生变化。

赞美，对于每个人来说都不陌生，生活中时时、处处都充满了赞美。赞美是这世界上最美好的声音、最美好的礼物，真诚的赞美能够为他人带来愉悦，能够使他人受到鼓舞。同时，赞美也是人际关系的“润滑剂”，无论是咿呀学语的孩童，还是白发苍苍的老人，总是希望能够获得来自他人的赞美，从而让自己的内心得到充分的满足感。从社会心理学的角度来看，赞美是一种有效的交际技巧，能够缩短人与人之间的心理距离，喜欢被赞美可以说是人的一种天性。

在《三国演义》中，曹操就非常善于用赞美来激励自己手下的将领。在许褚与李傕交战中，许褚连斩两将，曹操当即手抚许褚之背，说：“子其吾之樊哙也！”将他比作刘邦手下的猛将，对其大加赞赏，给了部下无穷的力量。而营销人员在营销过程中，也完全可以充分利用赞美的力量。当客户相中了一件上衣时，营销人员可以对他说：“您的眼光真好，这件衣服与您的裤子简直是绝配。”一句简单的赞美，不仅能让客户感到心里美滋滋的，还会让他认定自己做出了正确的消费决策。

营销人员不仅要重视赞美，还要学会赞美。善于赞美他人，就是善于挖掘他人的闪光点，不要随便给他人“挑刺”。同样一棵树，有些人看到的满眼的郁郁葱葱，而有些人却只看到了树梢上的毛毛虫。每一个人身上都一定有闪光点，所以对每一个人都必定能够去赞美。

赞美需要创新，简单的赞美也能够让人感到振奋，但是一种赞美如果被不断地重复，那么也会让人感到索然无味，甚至感到厌烦。营销人员应该“换着花样”赞美客户，有时直截了当地赞美客户，有时用比喻、暗喻等技巧赞美客户，让客户对赞美保有新鲜感。

赞美需要适度，恰如其分的赞美能够让人心情愉悦，但过度的赞美反而会适得其反，让人感觉在刻意奉承或是在反语讥讽。赞美是一种境界，是一种发自内心的真诚表达，而不是卑躬屈膝的谄媚奉承。由衷的赞美，哪怕是一句简洁的话、一个简单的手势、一个充满敬意的眼神，都能产生巨大的效果。

赞美需要真实，要符合客户的实际情况，不能无中生有、瞎编乱造。营销人员要对客户有充分的了解，要及时捕捉客户取得的成就，送上最及时的赞美，这种真实的赞美不仅能够强化客户的成就感，也能让其对营销人员充满好感。

每一位营销人员，都应该牢记以下的“赞美宣言”：

当我赞美敌人时，敌人成了朋友，

当我赞美朋友时，朋友成了手足；

我要常想理由，赞美他人，

绝不搬弄是非、道人长短；

想要批评别人时，一定咬住舌头，

想要赞美别人时，一定放声表达；

我要记住这个秘密，

它将改变我的生活。

赞美不停，

鼓励不断……

赞美并不困难，并不需要我们去苦苦钻研、冥思苦想，一句发自内心的、自然而然说出口的赞美，就能够产生巨大的力量。

学会赞美，是一种人际交往的智慧。营销人员要学会赞美、乐于赞美、善于赞美，以欣赏和敬佩的眼光去看待客户，以开放的心胸、敏锐的目光去发现客户的优点，这能够为营销人员带来更和谐的人际关系，带来更多的成交机会，让营销人员的业绩更上一层楼。

10 分外服务，超值营销

营销的竞争，就是要永远比竞争对手更胜一筹，始终坚持“人无我有、人有我全、人全我优、人优我特、人特我廉、人廉我转”的原则。如果竞争对手同你的产品性能相似，那么你就提供更低的价格；如果竞争对手同你的产品价格相同，那么你就提供更优质的服务；如果竞争对手同你的服务水平也相当，那么你就提供相同服务以外的分外服务。

所谓分外服务，就是为客户提供的必要服务以外的增值服务，这种增值服务能够帮助企业构建起有别于竞争对手的差异化服务和营销策略，从而给客户留下深刻的印象。

在搬家行业，由于加入门槛很低，所以竞争极为激烈，但日本阿托公司却凭借周到的服务迅速发展起来，其服务的许多内容都属于分外服务。

比如，在起运之前帮助客户收拾行李；在运输途中对行李进行杀虫处理；达到目的地后帮助客户对新居进行设计；行李车内备有茶点供客户随时享用。日本还有一个习俗，就是搬到新居后房主要拜访邻居并赠送一些礼品，阿托公司则会提前为客户购买一些质优价廉的礼品，为其提供实惠和便利。

阿托公司为客户提供的这些服务，都不是“必须”的，即便他们不提供这些服务，客户也不会责怪他们，更不会对其不满。但是，阿托公司却凭借着这些周到的分外服务抓住了客户的心，进而超越了众多竞争对手。

提供分外服务，是超值营销的一个切入点。所谓超值营销，就是在产品或业务的质量、性能、价格、服务等方面增加其额外价值，从而让客户感到物超所值。比如，在价格相同的情况下为客户提供性能更好的产品，在产品相同的情况下为客户提供更低廉的价格，等等。不过，在互联网时代下，想要在产品性能、销售价格上取得明显的优势并不容易，更多时候，通过极具特色的分外服务，往往更容易超越竞争对手，赢得客户的心。

以服务著称的海底捞，之所以能够为客户留下深刻的印象，主要就在于其丰富的分外服务。当客户在排队等待时，有沙发、椅子等自不必说，还会为客户提供棋牌等娱乐工具，客户还可以免费享受美甲、擦鞋等服务；当客户戴眼镜时，服务人员会主动为客户送上眼镜布；当客户将手机放在桌子上时，服务人员则会主动送上手机套；在海底捞的卫生间中，护手霜、啫喱水、牙膏、牙刷、剃须刀、发卡等应有尽有。

这些周到的服务，即便是一些四五星级的饭店，都未必能够考虑周全。而海底捞正是凭借着这些细致入微的分外服务，让品牌在客户口中成为了“传说”。说到海底捞的服务，不仅仅是代表优质，而是成为了一种形象标杆。

还有些企业认为，提供分外服务、开展超值营销，也许能够赢得客户的好感，但也会使营销成本大幅攀升，有时会得不偿失。其实未必如此，超值营销中很小的支出增加，可能就能够为企业带来巨大的利益。超值营销并不是在玩“烧钱”，而是要让客户感到超值。即便你的服务没花一分钱，只要让客户感觉值了，那么就成功了。这就要求企业在提供分外服务、开展超值营销时，不仅要关注客户的利益，还要关注他们的心理因素。

小米每年都会开办一次“米粉节”，邀请那些忠实的小米用户前来参与，而在“米粉节”上，参与者可以以较优惠的价格去购买小米的产品，或是购买一些只有在“米粉节”上出售的限定商品。这些优惠产品、限定商品，也许从价值上看，并没有让客户享受到多大的利益，但是却为他们带来了强烈的心理认同感和心理满足感，因而也就让他们感到参加“米粉节”实在是太超值了。

超值营销对客户是“超值”的，对企业同样也是“超值”的，通过多花费一点心思、多花费一点成本提供的分外服务，却能够让企业在同质化竞争中脱颖而出，牢牢抓住客户的心，其收益不仅仅局限于业绩的增加，客户关系强化和客户忠诚度增加的价值是难以衡量的。

如果你提供的产品和服务与竞争对手没有差异，那么又凭什么要求客户对你更亲近、更忠诚呢？唯有凭借细心周到、极具特色的分外服务，才能为营销打上独特的标签，才能让客户对企业的营销内容感到物超所值，客户关系的构建、强化和维护自然也不再困难。

第7章 打造品牌的持久竞争力

营销的竞争力源自于品牌的竞争力，当企业品牌具备强大的号召力时，营销工作总是更容易开展，也更容易取得目标成果。但是，在激烈的商业竞争和复杂的市场变化下，品牌竞争力并不是恒久不变的，今天强盛的品牌，明天也许就会衰退；今天弱势的品牌，极可能会在一夜之间崛起。想要打造品牌的持久竞争力，就必须做好企业、产品和客户的定位，以差异化营销策略为品牌注入强大竞争力。

01 你的企业等于什么？

你的企业等于什么？就是在问你的企业能够提供什么产品或服务，通过什么在市场中立足。有些人会回答，我的企业是专业生产西装的；我的企业是提供餐饮服务的；我的企业是从事建筑材料销售的；等等。但是，在市场中能够生产或销售同类产品，能够提供相同服务的企业数不胜数，这种企业介绍又如何能够吸引客户的目光、抓住客户的心呢？企业在营销之前，必须要进行精确的、独特的企业定位，在客户心中树立独一无二的形象。

那么，要如何进行企业定位呢？首先，寻找企业有别于竞争对手的独一无二的优势，一家企业未必能做到处处领先，但是总会有一点属于自己的、而他人难以超越的优势，这就是企业的定位出发点；其次，明确企业的崇高使命，每一家企业，都一定有一个宏伟的愿景，希望为客户提供卓越的产品或服务，这种使命直接影响着企业的定位；最后，企业定位一定要简洁、有力、直击眼球，不要试图把企业的优势一股脑地全搬出来，找到最核心、最主要的优势和使命，将之提炼成为企业定位口号。

成功的企业定位，无外乎强调唯一性，强调行业领先地位，强调为客户提供独特的价值等，这种唯一性、领先性、独特性，往往是为客户留下深刻印象的有力工具。

下面，我们就通过一些企业定位案例，来看一下成功的企业定位是怎样的：

（1）“最生态中药材，最安全放心药”

这一企业定位强调了原料的生态化，产品的安全化，药品的性能和安全是客户关注的重点，而从安全定位就很好地抓住了客户的心。

（2）“国内唯一采用法国贝雷彩砂生产的玻纤瓦”

这一企业定位强调了唯一性，而且其所选用的进口生产材质也能给客户留下高端、有档次的印象，吸引客户消费。

（3）“西北最诚信名酒经销商”

这一企业定位强调了诚信，而且限定了西北地区，客户在购买名酒时，一定都会担心买到假货，而通过宣扬企业诚信则能够大消客户疑虑。

（4）“塑身西服，让成功男人更有型”

这一企业定位没有放在西服的款式、设计、舒适度等方面，而是强调了让成功男人更有型，这为客户提供更深层次的价值。

（5）“禽药服务最快速供应商”

这一企业定位强调了快速，当家禽生病时，客户除了希望得到有效的禽药服务，也一定希望得到最快速的禽药服务。

（6）“华北地区无机保温板的开创者”

这一企业定位强调了创新性，同时也限定在了华北地区，创新定位不仅能够吸引目标客户，也能让客户对企业产生独特的印象。

（7）“手感第一，‘纸’有超越”

这一企业定位强调了纸的手感，这通常是客户没有刻意关注的要素，因此就能为客户灌输新的观念、新的思维。

（8）“最值得信赖的防盗门”

这一企业定位强调的是值得信赖，防盗门自然是安全第一，值得信赖的防盗门当然也是足够安全的防盗门。

（9）“量身定制屋面文化的专业陶瓷瓦设计师”

这一企业定位强调了量身定制，同时不只是在进行屋面形象设计，还是在进行文化设计，这能够有效满足客户个性化、高端化的屋面设计需求。

（10）“全国唯一女子驾校”

这一企业定位强调了唯一性，而且是全国唯一，同时也进行了精准的客户定位，这对于目标客户的吸引力就会大大超越其他驾校。

企业的定位并不困难，即便你的企业不是行业龙头或业界大佬，也可以通过限定地区、限定功能、限定对象来发掘属于企业的、独一无二的价值，从而让企业“鹤立鸡群”，从众多竞争对手中脱颖而出，打造独特的品牌形象。

02 如何打造产品的卖点?

产品卖点，就是产品带给目标客户的实实在在的利益和好处与目标客户迫切需求之间的契合点。产品卖点是产品的核心竞争力，同时也是说服客户购买的关键点，许多营销人员之所以无法顺利地说服客户购买，就是因为没有充分地向客户展示卖点。有些营销人员反驳说，我向客户展示卖点了啊，将产品的优点头头是道地说了一遍，但客户还是不感兴趣。实际上，许多营销人员所展示的卖点，并不是产品的卖点，产品的优势和卖点，有时候并不是完全吻合的。

有些营销人员在介绍产品卖点时是这样说的，“我们的产品安全无副作用”“我们的产品效果特别好”“我们的产品特别耐用”，等等。那么，安全、效果好、质量好，这些是产品卖点吗？并不是！有哪一个营销人员会说自己的产品不安全、效果不好、质量不好呢？没有。既然大家都在进行着同样的产品介绍，那安全、效果好、质量好又怎么能够成为你的独特卖点呢?

所谓卖点，并非只是单纯的优势，还涵盖了两个更深层次的内容：一是要优于竞争对手，和竞争对手与众不同；二是要能够让客户立即验证，即让客户能够“看得见、摸得着”。

吉利汽车旗下有一个系列叫帝豪，其特色是具有七个安全气囊和加装了防撞钢梁。营销人员在展示产品卖点时，就将卖点锁定在了七个安全气囊和防撞钢梁上。假如发生了撞车事故，客户有权利决定撞前面、后面、左面、右面吗？没有。而七个安全气囊环绕一圈，就可以彻底保护每一位乘员的安全。而如果发生了追尾事故，油箱的后部受到撞击很危险，而加装了防撞钢梁就可以分散和抵消冲击力，保护车辆的安全。而在市场中，有七个安全气囊和防撞钢梁的汽车大多都要40多万、50多万，而帝豪系列只需要10多万，其卖点瞬间便凸显了出来。

如果帝豪汽车的营销人员在介绍产品的卖点时，单纯地对客户说“我们的车安全性能很好”，那么客户会有感觉吗？没有。因为其他品牌的汽车营销人员也一定会对他们说同样的话。但是如果对客户说“我们的车有七个安全气囊，还加装了防撞钢梁”，那么客户瞬间就对这款汽车有印象、有感觉了。他们在进行决策时，就会在心中进行比较：“另外一辆汽车只有三个安全气囊，没有防撞钢梁，安全性没有这个高”“另外一辆汽车虽然有七个安全气囊和防撞钢梁，但是价格太高，性价比不如这个”。通过这样的比较，产品的卖点就能直击客户的心智，大大提升其消费意愿。

发掘产品的卖点，就要牢牢抓住“优于对手”和“能够立即验证”这两大原则。帝豪汽车的卖点有没有优于对手？有，它有防撞钢梁，安全气囊数量也多，价格又便宜。帝豪汽车的卖点能不能立即验证？能，客户一眼就能看到防撞钢梁，营销人员也能为其展示安全气囊。同时，在描述卖点时，一定要尽可能不用或少用形容词，而多用名词或量词。比如，不要对客户说“安全性高”，直接对他说“有七个安全气囊和防撞钢梁”，让客户自己得出“产品安全性高”的结论。

寻找卖点，通常就是从五个方面去寻找优势，包括品牌优势、价格优势、设计优势、技术优势、服务优势等。但是，一些营销人员常常会感到自己一个优势都找不出，一个卖点都提炼不出，这种时候，往往不是产品出了问题，而是营销人员用的方法不对。只要运用好卖点提炼法，一个合格的产品就不会没有卖点。

（1）前置法推卖点

营销人员不要直观地去寻找卖点、理解卖点，而是要多问几个为什么，把优势往前推，将其具体化、明确化。比如，营销人员一开始说“帝豪汽车安全性高”，那么就可以问自己“为什么说它的安全性高呢？”因为帝豪汽车有七个安全气囊和防撞钢梁，这样就找到了卖点。所以，找卖点就是要多问为什么，为什么产品效果好，为什么产品要用这种原料，把产品的优势往前推并具体化，卖点也就呼之欲出了。

（2）同质产品中寻卖点

有些营销人员认为，同质化产品会使企业产品的特色不明显，因而不利于销售。其实这并非是绝对的，同质化产品有时也更有利于突出企业产品的卖点。两件产品是同质的，并不代表其是完全相同的，总会存在截然不同的地方。如果两件产品在很多方面都相似，那么其差异化的部分就会显得格外“扎眼”，也就更容易引起客户的注意。所以，营销人员不要只把目光放在自身的产品上，可以多去研究比较竞争对手的同类产品，找出差异化的部分，从而形成产品卖点。

（3）客户细分找卖点

不同的客户对于产品的需求不同，产品卖点对他们的影响力也有强有弱，营销人员应该根据不同的客户特征、根据他们具体的需求点为其展示相应的卖点。比如，一套积木，对于小孩子来说卖点可能是颜色鲜艳、形状丰富等，但对于大人来说卖点可能就是材质安全、能够开发孩子智力等。先进行客户细分，然后再去提炼相应的卖点，往往更加快速、更具效果。

一件产品可能拥有多个卖点，但营销人员在营销过程中，不要将卖点一股脑地全部展示给客户，而是要以客户最关心的卖点去说服他们，或者是客户提出异议时再用下一个卖点去说服他们。只要真正理解了什么是卖点，懂得如何去提炼和展示卖点，营销人员一定能够驾轻就熟地打造产品卖点。

03 品牌差异化营销战略

要打造品牌的持久竞争力，就是要始终坚持品牌差异化营销战略。有差异，才能与众不同，才能保持竞争力，在市场更迭中屹立不倒。

品牌差异化营销战略包含许多层面，通常，企业可以从产品差异化、服务差异化、人事差异化、形象差异化、品牌差异化这几大要点出发铺开差异化营销战略。

（1）产品差异化

产品是客户与品牌最直接的触点，如果企业的产品与竞争对手相比没有一点突出之处，没有任何不一样的地方，那么想开展品牌差异化营销战略可谓难上加难。差异化产品，是指相互竞争且具备可替代性，但又不完全相同的产品，其不同之处可以是产品的外观、功能、质量、价格等各个方面。而企业的产品差异化战略，也可以围绕产品的构成元素来开展。

比如，可以制定差异化价格，根据不同的客户群体提供不同档次的产品；可以进行技术差异化，通过核心技术升级来超越竞争对手；可以进行功能差异化，通过为产品附加更全面、更强大的功能来吸引客户，等等。企业未必要让产品与竞争对手截然不同，但至少要在一两个要素上与竞争对手区分开来，满足客户的个性化需求。

（2）服务差异化

服务是除产品以外客户对品牌的最直接体验，同时，服务的可塑性更强，更容易开展差异化战略。服务差异化，是企业在面对竞争对手时，在服务内容、服务渠道和服务形象等方面采取有别于竞争对手且突出自身特征的一种策略。其核心是通过差异化服务突出自己的优势，在客户心中与竞争对手区分开来。

开展服务差异化，首先需要调查、掌握、研究主要竞争对手的服务种类、服务内容、服务特色等，有针对性、创造性地开发全新的服务项目，满足目标客户群的需求；其次，要采用与竞争对手不同的服务渠道，迅速且有效地将服务传递给客户；最后，企业要善于利用标志性的符号、口号、事件等，突出并升华企业服务特色。

（3）人事差异化

市场竞争归根结底是人才的竞争，企业在人事上的差异，将在一定程度上直接影响企业的实力强弱对比。人事差异化，是指企业通过聘用和培训比竞争对手更为优秀的人员以获取差异化竞争优势。一个训练有素的营销人员应该具备胜任、礼貌、诚信、可靠、反应迅速、善于交流等特征，营销人员的综合实力越强，企业的竞争力也就越强。

人才差异化要求企业要强化招聘和培训工作。在招聘环节，要严加把关，选择能力优秀、价值观吻合的人才。在培训环节，要根据人才的能力和工作表现培养专职的销售人员、策划人员、管理人员等，不断提高人才综合素质。

（4）形象差异化

企业形象是企业给客户留下的直观印象，是客户对企业的看法和感受。形象差异化战略是指在产品的核心部分与竞争者雷同的情况下通过塑造不同的形象以获取差别优势，包括名称、颜色、标识、环境、活动等。

在实施形象差异化战略时，企业需要具备创造性的思维，需要持续不断地利用企业所有的传播工具，针对竞争对手的形象策略以及客户的心智采取不同的形象宣传策略。形象的建设是一个长期的过程，是由企业的产品、服务、市场地位等长时间为客户灌输的一种独特的认知。

（5）品牌差异化

品牌差异化是差异化战略的最终目标，同时也是其重要组成部分。品牌差异化是指为品牌在消费者心中占据一个特殊的位置，以区别竞争品牌的卖点和市场地位。相比产品差异化和服务差异化，品牌差异化要困难许多，因为品牌是客户的一种认知和判断总和，难以去轻易地操控。

品牌差异化包含品牌形象差异化和品牌内涵差异化。品牌形象即品牌的商标形象，比如奔驰的三叉星，苹果的有缺口的苹果等，都是一种品牌形象，独特的品牌形象能够为客户所熟知并牢记。品牌内涵则是品牌的内在价值诉求，比如，苹果品牌给人们的印象是高端、创新，这是由其内在价值诉求所决定的。

只要能够从产品、服务、人事、形象、品牌这五个方面铺开差异化战略，从众多同质化竞争对手中脱颖而出并不困难。这些差异化战略也许很难在短期内同时去开展，企业可以从较简单的或是具备独特优势的方面入手，一步步地展开差异化战略。

04 创造广告语的 12 种方法

广告语是企业最重要的宣传工具之一，尽管在互联网时代下，广告不再具备绝对的客户引导作用，但一个设计出色、朗朗上口的广告语总能给广大客户留下深刻的印象，并改变他们对于产品和品牌的认知与感受。

广告语既要能够展现产品特色或品牌形象，同时又要响亮、易记，这样才能为客户带去与众不同的感觉。通常，企业可以用以下12种方法为广告语的创造提供思路。

（1）巧用谐音

利用谐音将产品或品牌名称与某种人们耳熟能详的词汇或事物联系起来，从而给客户留下深刻的印象。比如，箭牌口香糖的广告语“一箭如故，一箭钟情”，就是利用谐音将品牌名称与常用词汇联系起来，同时还表达了产品能够让客户“一见如故，一见钟情”的特点。

（2）借助语义

借助语义与巧用谐音类似，但通常不会修改字词，而是直接借用词义或语义。比如，美的的广告语“原来生活可以更美的”，就是利用多音字，将美的（di）的品牌名与美的（de）这一形容词巧妙地融合为了一体。

（3）曲解词义

曲解词义就是通过改变或引申常用词句本来的意思，将深层意思变为直观意思，或是将贬义变褒义，推陈出新。比如，公益广告中的“吃不了兜着走”，就是采用了这句话的字面意思。再比如，鹤鸣皮鞋的广告语“天下第一厚皮”，则是将贬义词变为了褒义词。

（4）适度重复

重复法并不是将一句广告语重复几次，而是在广告语中间适度地进行重复，用简单直接的方式给客户留下印象。比如，恒源祥的广告语“恒源祥，羊羊羊”，就是通过简单的重复让人们所熟知。

（5）运用成语、俗语、歇后语、诗词等

运用成语、俗语、歇后语、诗词等，就是将广告语与之组合起来，或是直接以其表达产品特色或品牌理念。比如，丰田汽车的广告语“车到山前必有路，有路就有丰田车”；统一润滑油的广告语“多一点润滑，少一些摩擦”。

（6）暗示消费者购买

暗示消费者购买就是间接地说服客户，让客户产生购买意愿。比如，海飞丝的广告语“你不会有第二次机会给人留下第一印象”，就是在暗示消费者，购买了海飞丝的产品，就能给人留下良好的第一印象。

（7）与经典或熟悉的事物关联

与经典或熟悉的事物相关联，能够为消费者带来更形象、更具体的想象，从而让他们有强烈的认同感。比如，农夫山泉的广告语“我们不生产水，我们只是大自然的搬运工”，将品牌与搬运工联系起来，让人们感觉农夫山泉的水是纯天然、无污染的。

（8）功能的口号定位

功能的口号定位，就是直接、响亮地告知消费者产品的功能。比如，王老吉的广告语“怕上火就喝王老吉”，简单直接地告知消费者产品的功能，直击消费者的需求。

（9）直接诉求

直接诉求，就是直接告诉消费者要怎样做，以及这样做有什么好处。比如，国美的广告语“买电器到国美，花钱不后悔”，就是直接告诉消费者来国美买电器，保证能够放心、满意。

（10）喜欢品牌的理由

喜欢品牌的理由，就是向消费者传递一种独特的价值观，让消费者爱上品牌，爱上品牌的产品。比如，迪比尔斯钻石的广告语“钻石恒久远，一颗永流传”，就是展示了品牌的价值，让人们从钻石的恒久联想到爱情的恒久。

（11）表达企业理念

表达企业理念，就是利用广告表达企业的使命、愿景、价值观等，从而升华品牌在消费者心中的形象。比如，海尔的广告语“真诚到永远”，虽然简洁，但是却能够让消费者感受到真情实意，感受到企业的经营理念。

（12）消费者共鸣

消费者共鸣就是通过广告语让人们联想到使用产品的美好感受，从而让消费者想要去尝试。比如，三菱电梯的广告语“上上下下的享受”，简洁的语言描绘出了人们舒适地使用电梯的场景，让人意犹未尽。

企业在运用以上这些方法创造广告语时，一定要注重自然衔接，不要牵强附会，同时，广告内容一定要传递正能量，不要为了吸引眼球就创造一些粗俗的、不雅的、负面的广告语，这只会损害企业和品牌形象。

05 核心产品定位策略

任何一件产品，都是由三层构成的：最里面一层是核心产品，外面一层是有形产品，最外面一层则是附加产品。所谓核心产品，就是向客户提供的产品最基本的效用或利益，是客户真正要购买的产品的使用价值。

比如，一款洗衣机，其核心产品就是“方便、快捷、省力、干净”，这是客户购买洗衣机的利益所在；有形产品即洗衣机本身，包括其外观、型号、规格、功能、品牌等；附加产品则是一些额外的服务，比如售后、送货上门、维修退货等。

核心产品对于企业而言，具备非凡的商业意义。首先，核心产品是产品平台与平台产品之间的桥梁。核心产品集中体现了产品平台的基本要素、结构、水平和价值，是产品平台的初步和首要的应用。平台产品则是在核心产品的基础上衍生而来的，是产品平台以及支撑它的技术平台的价值、潜力与边界在时间和空间中的展现。其次，核心产品是产品核心竞争力的载体。产品的竞争优势是企业核心竞争力的综合展现，是在生产过程和营销过程中传递和建立技术领先与商业化的优势，通过不断地开发核心产品，能够展现及保持以核心技术为源头的竞争优势。最后，核心产品是商业平台价值的具体体现。企业的核心产品，是其核心技术初步商业化的最重要成果，包含了应用新技术的产品概念、支撑产品平台的技术平台要素以及借以赢得市场的核心客户价值。

既然核心产品拥有着非凡的商业价值，那么又要如何准确、有效地开展核心产品定位策略呢?

所谓核心产品定位，就是在客户心中的地位，就是给客户留下的核心价值印象。这种定位是由企业的产品特性、优势，品牌的形象、宣传的导向等各方面因素共同影响和确定的。比如，人们看到一款夏利汽车，不会认为它很尊贵，而是会认为它很经济；人们看到一辆凯迪拉克，也不会认为它很实惠，而是会认为它具备帝王之相。这就是核心产品定位。

核心产品定位策略，就是为客户创造一种深刻的、独特的意向，让客户看到你的品牌、看到你的产品脑海中就能立即蹦出一个能够代表它的词或句子。

与各种昂贵高级的手表相比，波尔表并不是特别突出，但是它却在客户心中留下了“准时”的意向。这世界上准时的手表很多，为什么唯独波尔表给人们留下了这种明确的印象呢?

早在1891年，波尔先生被委任为美国铁路首席检阅官，负责调校全美国铁路的时间，美国有75%的铁路标准时间采用波尔时间，所以对于许多美国人来说，波尔就代表准时。其实波尔只是个品牌名字，但是它把美国波尔先生——当初美国铁路首席检阅官的资格和品牌名称紧密地结合在一起了，给人留下了波尔表就是代表准时的印象。

全世界卖表的这么多，为什么唯独波尔表特别重视提起“准时”这件事情，就是怕消费者没办法去定位。有人说：“论雍容华贵它比不过浪琴，论高级也比不过劳力士”。所以波尔表一定要说出准时，其正是用这个方法来定位的。

即便是两件同质化产品，由于核心产品定位的不同，也会给消费者留下截然不同的感觉，从而赢得属于自己的市场。比如可口可乐和百事可乐，如果倒在不同的杯子里让人品尝，可能很多人都无法准确地区分它们的味道，但是可口可乐和百事可乐还是各自拥有它们的支持者，这主要就源于其核心产品定位的不同。可口可乐是可乐饮料的先驱，它进行的核心产品定位是“正宗”，可口可乐也借此打败了众多市场中的模仿者。但是，百事可乐却没有成为失败者的一员，它们凭借着“年轻活力”的核心产品定位，成功地瞄准了一块细分市场，吸引了众多年轻消费者的喜爱，也借此与可口可乐“分庭抗礼”。

进行核心产品定位，就是要去寻找客户的根本需求点与企业的技术优势、产品优势、文化优势的接点，为客户提供能够解决他们需求的、独一无二的核心产品。成功的核心产品定位，不仅能够让客户产生强烈的购买意愿，同时也能展现与竞争对手截然不同的特性，为客户留下独特的印象，抓住目标客户群体的心。

06 核心客户定位策略

在营销过程中，营销人员需要对客户进行分类，从而发现那些“最好”的客户，即核心客户。核心客户对于营销的开展和企业的发展，都有着重大的作用和意义。

那么，究竟什么样的客户才是核心客户呢？核心客户并不一定是那些消费能力很高、价值贡献很大的客户，因为这些客户可能会对产品、服务等有着较高的要求，其开发成本也就很高，未必能够为企业带来最为理想的利润。通常，企业的核心客户应该具备以下三个条件：其一，企业要有能力为其提供他们需要的产品和服务；其二，企业的产品和服务对该客户有较明显的竞争优势；其三，能够为企业带来丰厚的利润。具备以上特征的客户，才是企业需要大力开发和维护的核心客户。

而由于品牌内涵、产品特征、营销能力、服务水平等因素的差异性，即便是处于同一行业中的不同企业，其核心客户群体也往往是不同的。那么，核心客户要如何进行定位呢？

（1）识别客户的差异性

每一个客户都是不同的，许多营销的失败，并不在于无法满足客户的需求，而是企业的营销人员无法真正了解客户的实际情况和客户需求之间的差异性，并根据客户的真实情况来制定相应的营销策略来达成营销目标。

客户之间的差异性体现在许多方面，比如价值观差异性、需求差异性、个体差异性、地域差异性、认知差异性、行为差异性，等等。营销人员必须要识别不同客户之间的差异，加深对每一位客户的理解，从而采取不同的营销策略。

（2）评估客户的价值

最有价值的客户可能包括以下几种：①平均贡献较大的客户群，这类客户群体消费能力较高，但通常要求也更高；②对整体收入贡献最大的客户群，这类客户群体的单位消费可能并不高，但是消费总量庞大；③有较高成长性的客户群，这类客户群体当前的价值不大，但消费潜力较高，可以进行维护和培养；④有一定知识、经验的客户群，这类客户群体对产品有着专业的知识、辨别能力和使用经验，更有可能成为产品的初期使用者和忠实客户；⑤有特别影响力的客户群，比如一些知名的公众人物等，虽然他们的业绩贡献也许不大，但是对于产品形象、企业形象的推动作用是很强大的。

以上这五种客户类型，都是营销人员需要特别关注的，他们都有可能成为企业的核心客户群体。

（3）准确定位客户

根据自身规模实力和服务能力的不同，企业需要选择最适合自身的营销策略，以不同的出发点去定位客户。对于核心客户的定位，通常有以下几种方式。

盈利型定位：即寻找利润贡献最大的客户群体，这类客户群体不仅要有较高的消费能力，同时服务成本也相对较低，因此能够产生最大规模的利润；

选择型定位：选择最适合本企业产品定位和业务模式的客户群体，比如，戴尔电脑就是定位于那些有一定电脑使用经验的人群作为核心客户群体，这类客户能够通过戴尔的定制模式和直销模式设计出属于自己的个性化电脑产品；

成长型定位：选择那些消费特点鲜明，且具有高成长性的客户群体，比如以低价吸引年轻消费群体，然后随着他们消费能力的提高为他们提供更专业、更高端的产品，或者是通过品牌建设，以品牌效应强化客户群的消费意愿；

关系型定位：对于一些大客户、知名客户进行特别定位，主动给予其VIP资格，为其提供独特的、个性化的、高端的产品和服务政策，满足他们的特别需求。

（4）集中资源构建针对性的营销体系

在对核心客户进行定位之后，企业还需要集中资源，设计并实施适合这些客户的营销策略，从而将精准的定位转化为实实在在的盈利。

招商银行金葵花客户服务体系就是成长型客户定位策略的成功实践。2002年10月，招商银行在国内率先创立了面向高端个人客户的金葵花理财服务品牌。招商银行发现零售银行的高端个人客户有着不同的需求，针对客户分层，就把50万元资产以上的客户划归到金葵花理财品牌下。招商银行并没有停留在品牌体系上，而是针对新富阶层进行了持续的资源投入和服务体系建设，强化推行客户经理制，率先将服务体系引进到产品中来，在零售银行的专业服务基础上同时提供了丰富的客户服务和增值服务，通过持续的客户沟通互动来强化“金葵花”的品牌形象，不断完善金葵花理财的服务体系。

（5）强化客户认知，优化客户策略

客户并非会一成不变，随着客户年龄的增长、意识的改变以及社会环境的变化，客户的消费行为特征、心理偏好等也必然会随之发生变化，这就需要企业的客户营销策略随之进行相应的调整，持续地满足客户需求。

持续精确的客户认知对于客户策略的优化至关重要，比如，某企业针对年轻群体推出了一款高性价比产品，但是，随着这一客户群年龄的增长和收入水平的提高，他们对于产品档次也提出了更高的要求，这时企业就需要调整产品和营销策略，向他们推介高档次产品而非高性价比产品，否则这类客户有可能会就此离去。

客户，尤其是核心客户，是企业在市场中立足的基础，企业只有不断满足核心客户的需求和偏好，才能获得更好的生存与发展的机会。在互联网时代下，企业与客户可以在全世界范围内建立彼此之间的联系，进行信息交互，这既打破了企业与客户之间的信息壁垒，也为企业更深入、更准确地进行核心客户定位提出了更高的要求。

07 借力使力，站在巨人肩上做营销

营销中的借力使力，就是借用竞争对手或是外界的力量来强化自身，以达到花费更少的营销成本获取更好的营销效果的目标。这种站在巨人肩膀上开展的借力营销，其立足点有许多，包括品牌、知名人士、热点事件、营销渠道、营销智慧等。

（1）借力品牌

有许多品牌，由于知名度有限、品牌认知度和影响力有限，因此营销工作难以展开，营销效果不理想。在这种情况下，利用知名品牌来开拓市场就是一个很好的捷径。比如，中法合资的王朝葡萄酒就是借此大获成功的。在得到人头马集团的入股后，凭借着人头马强大的品牌影响力，王朝干白、干红的年产量由10万瓶激增到了1800万瓶，销售额从20多万元猛增到了2亿多元，总利润也从1万元增长到了9000多万元。

在互联网时代下，企业融合、品牌融合的案例正在不断增加，一些具备高成长潜力的小品牌，在借力知名品牌的力量之后，往往都能迎来发展新阶段。

（2）借力知名人士

借力知名人士，就是利用一些在公众间有较高辨识度的知名人士为产品或品牌做代言，从而带来更高的知名度和更强大的口碑效应。比如，请名人、明星做广告，就是一种常用的借力营销方式。而在互联网时代，借助一些网络知名人士的力量，往往更加简单、成本也更低。比如那些微博大V、微信大V等，他们的言论也会对众多网友产生一定的导向作用。

借力知名人士，一定不要牵强附会，不要有明显的“打广告”的味道。特别是借力网络大V时，一定要确保他们认可产品和品牌，并做出了真实的陈述和感想，而不是单纯地花钱请他们做宣传。

（3）借力热点事件

借力热点事件，是一种极为常用的借力方法，同时也是事件营销的一种形式。比如，借助奥运会、世界杯等体育盛会进行宣传，能够有效地提升品牌认知度。赶集网就曾在巴西世界杯期间投入了2亿多元进行宣传，取得了显著的成果。如果企业的产品和品牌能够与这些热点事件有机地融合起来，效果往往会更好。比如，统一润滑油在伊拉克战争期间，推出的“多一点润滑，少一点摩擦”的广告，就将产品特性与希望减少纷争的愿望结合起来，使统一润滑油从二三线品牌迅速成长为了一线品牌。

即便是一些对企业不利的负面事件，如果利用得当，也往往能够成为企业的营销良机。

在加多宝与王老吉的一系列官司中，加多宝全面败诉，不仅被收回了品牌名、包装，连一些广告也被迫撤除。不过，在这种极为不利的情况下，加多宝却巧妙地利用了这几起败诉官司，打出了一系列“对不起”广告。

加多宝在官方微博上推出了四组“对不起”广告，内容包括“对不起，是我们太笨”“对不起，是我们出身草根”“对不起，是我们无能，卖凉茶可以，打官司不行”，等等。表面上是在道歉，实际上却是以弱势一方和受害者形象赢得广大消费者的支持。

（4）借力营销渠道

一些小企业、小品牌在营销渠道上存有较大劣势，而借助一些知名的信息推广平台却可以强化其营销渠道能力。比如，许多企业会借助阿里巴巴、淘宝网、慧聪网等综合性电子商务平台进行信息宣传，这就是在借助成熟营销渠道的力量。

（5）借力营销智慧

营销需要智慧，那么如何去借力营销智慧呢？除了吸引优秀的营销人才，组建强大的营销团队外，一些企业还会同专业的第三方营销机构、产品包装品牌输出公司、企业咨询顾问公司等开展合作，从而阶段性地强化营销能力和营销效果。

借力营销，非常适合那些小型企业、不知名品牌，合理地利用借力营销，在巨人的肩膀上做营销，往往能够花更少的钱达成更好的效果。营销不能蛮干，不能钻牛角尖，巧借外力、借力打力，往往能够实现企业和品牌的跨越式成长。

08 讲一个动人的品牌故事

如今，普通的广告内容已经越来越无法占据消费者的心智，甚至还会引起他们的厌恶和反感。企业在营销过程中，必须转换品牌推广思路，以消费者更喜闻乐见、更愿意接纳的方式去塑造和推广品牌。讲一个动人的品牌故事，往往比直接的宣传推广更有效。

年轻人：清晨四点，整个城市好像只有在那个角落，让人觉得明亮且温暖。

店员：我记得那天冷冷的，还在下雨。他站在那里喝咖啡，心情好像很坏。

年轻人：我只不过陪他喝一杯咖啡而已，他就像个老朋友一样陪我聊了很久。

店员：我只不过问问他是不是工作不顺心，他就像好久没有跟人说过话似的，一说就说个不停。

年轻人：我好像第一次跟一个陌生人讲那么多话！也就在这个角落里，我第一次感觉到许多人竟然那么单纯、那么认真地活着。

店员：嗨，刮刮胡子吧！常来哦，别忘了这个方便邻近的好邻居哟。

年轻人：那个早晨，我觉得自己的脸那么清新，那个角落真的特别明亮、特别温暖。

以上是一段美国Eleven24小时连锁店的广告文案，借助年轻人和店员各自的独白，组成了一个完整的感人小故事，并以此展现了该连锁店人性化服务的良好形象与理念。相比一些直接叙述品牌特质和品牌使命的广告，这种故事型广告无疑画面感更强，让消费者印象更深刻。

不只是广告内容，即便只是一句简短的品牌口号、品牌使命，同样也可以成为一个“故事”。

GE：为世界面临的挑战提供创新的解决方法；

IBM：用前瞻性的思维，帮助世界更好地运转；

宝洁：改善全世界消费者的生活，不仅是现在，还有他们的子孙后代；

苹果：用直观、简洁和优雅的设计提升人们的生活；

SAP：为了世界各地的人们，帮助世界更好地运转以创造持久的繁荣。

以上这些品牌使命，虽然简短，但却是一个完整的“故事”。它们不只是在介绍和宣传自己的品牌，而是最对广大用户说明“我是谁”“我能为‘你’带来哪些价值”，这就构成了一个最为精简的品牌故事。

那么，一个动人的品牌故事要具备哪些特征呢?

首先，好故事要简明清晰。用最精简的内容向消费者讲述一个完整的故事，我们是在塑造品牌形象，而不是在写小说，越精简的故事往往越有力度，越能够让消费者牢记，并能够让他们产生无限的遐想空间。

其次，好故事要创新。不要说一些看了上文就能猜出下文的内容，无论是故事的内容本身，还是故事的表现形式，都应该力求创新，吸引消费者去阅读、去记忆。同时，在品牌故事上创新，也是在创造独一无二的品牌形象。

最后，好故事要具有真实性。不要描述一些虚假的内容，与消费者的生活越密切，越是能够给他们带来深刻的体验和感受。不要描述一些企业做不到的、提供不了的内容，我们需要做的是“讲述”品牌故事，而不是“编造”品牌故事，在故事的基础上，企业还要身体力行地将“故事”变为“现实”，让客户在现实世界中体验到和故事中一样的情境。“海尔”砸冰箱的故事，就是经典的品牌故事案例。

讲述一个动人的品牌故事并不困难，你需要的可能仅仅是一点点文采、一点点创意和一点点发自内心的真切诉求。

通过讲一个动人的品牌故事，能够更好地塑造品牌“五度”，即知名度、信任度、美誉度、忠诚度、依赖度，这对于品牌在消费者心中占据独一无二的地位有着非常重大的意义。品牌故事能够深化和升华品牌形象，想要塑造一个独特的、成功的品牌，首先就需要创造并讲述一个动人的故事。

第8章

顺势而为：互联网+营销新思维

在不同的时代、不同的营销环境下，营销思维也必然会随之发生变化，而在当前的“互联网+”时代下，最新的营销思维也随之产生。互联网+营销新思维，体现在工具的变化、内容的变化、模式的变化、客户关系的变化等诸多方面，这对于企业来说，既是新的挑战，也是新的机遇。要做好互联网+营销，企业必须把握住“互联网+”的时代特征，顺势而为，开拓企业的营销新路径。

01 “互联网+”开启营销新时代

“互联网+”全面袭来，在全新的市场特征和商业环境下，营销也迎来了一个全新的时代，客观因素的显著变化，也要求着企业营销思维和模式要随之做出改变。

“互联网+”下的企业营销，究竟面临着哪些变化呢？

首先，是市场环境的变化

从地方性经营转变为全球化竞争。随着网络和电子商务的崛起和普及，企业不仅可以和全世界的客户做交易，同时也会面临着来自全球的竞争对手。

从机会型增长转变为能力型增长。在过去，企业只要发掘了一个良好的商机，就能借此轻易地取得市场成功。但如今，企业的增长能力远比增长机会更重要，如果企业能力匮乏，即便有天赐良机也难以成功。

从企业家素质的比拼到企业素质的比拼。过去的企业竞争，是“英雄人物”之间的PK，企业的领军人物的素质在很大程度上决定了企业的成败。而如今，仅靠企业家一人不足以支撑一个企业，企业的整体素质将决定竞争的成败。

从企业竞争转变为价值链竞争。在过去，企业之间比拼的是规模、是效率、是实力，大企业总是在竞争中占据主导优势。现如今，企业之间比拼的是价值链，拥有更完整、更优化的价值链的企业，才能最终赢得胜利。

其次，是竞争手段的变化

暴利时代结束，微利时代来临。随着市场信息的透明化、对等化，企业越来越难以凭借信息优势来获取暴利。同时，市场竞争的加剧，同质化竞争的涌现，都在不断压缩着企业的利润空间。

资本时代结束，智本时代来临。“互联网+”的竞争，正从资本的比拼转向人才的比拼，能够在竞争中笑到最后的企业，不是那些资本雄厚的企业，而是那些拥有优秀人才团队的企业。

单兵作战结束，军团作战来临。“互联网+”时代，企业的任何一项业务、任何一个部门，都不能只靠“单打独斗”，而是要借助团队的力量，团队素质越高、合作越好，竞争力就越强。

全能战役结束，系统作战来临。“互联网+”时代，企业竞争转变为了系统化竞争，专业的工作要交由专业人士去做，由一个人、一个部门去开展多个业务的时代已经结束。

最后，是消费模型的变化

时代的变化也带来了消费者消费模型的变化，而消费者的消费形态迁移也必然会引发营销理念和营销方式的转变。在过去，消费者遵循的是AIDMA模型，而在互联网时代下，消费者遵循的是AISAS模型，且这一模型随着“互联网+”时代的到来变得更为普及。

AIDMA模型是由美国广告学家E.S.刘易斯于1898年提出的一套消费者行为学理论模型。该模型将消费者从接触产品信息到最终购买的过程划分为5个阶段：关注信息（Attention）、产生兴趣（Interest）、渴望拥有（Desire）、留下记忆（Memory）、购买决策（Action）。

以实体商家的门店营销为例，首先商家会用一些醒目的宣传标语或是色泽鲜艳的海报引起消费者的注意，让消费者进入店内；接着营销人员会递上关于商品的信息单页或目录，或是引领消费者向他们进行商品的介绍并引发他们的兴趣；然后，营销人员会运用营销话术或是提供商品体验的方式，让消费者感受商品的魅力并希望拥有这款商品；最后，如果消费者仍有疑虑，营销人员还会深入介绍商品在各方面的优势并与同类商品进行对比，让消费者留下深刻的印象并在潜意识中认定该商品。在这一系列针对性的营销手段之下，消费者很难不买账。

AIDMA模型确实为传统营销方式的设计提供了有效的理论依据，但是随着互联网时代电商模式的兴起，人们发现AIDMA模型已经无法完全解释消费者的消费行为了，某些环节几乎消失，而一些未知的环节却出现了，全新的AISAS模型随之诞生。

AISAS模型同样将消费者的消费行为划分为5个阶段：关注信息（Attention）、产生兴趣（Interest）、主动搜索（Search）、购买决策（Action）、信息分享（Share）。与AIDMA模型相比，AISAS模型在前两个环节是完全一致的，而在其后，消费者渴望拥有和留下记忆的环节消失了，以主动搜索环节作为替代，同时消费者的决策过程大幅缩短，而下达购买决策也不再是消费者一次消费行为的重点，在收到和使用商品后，消费者会通过各类媒体工具分享商品的各项优缺点，进行商品信息扩散。

以我们的网络购物流程为例，首先我们会通过各种渠道主动或被动接触到商品信息，并发现自己可能感兴趣的商品。而在浏览完商品信息后，一般不会直接下达购买决策或是听信商家的宣传，而是会主动通过网络渠道搜寻该产品或店铺的信息，特别是会关注已购买者的使用体验。如果发现评价普遍不错，我们会最终决定购买。而在收到产品并使用一段时间后，我们会和自己对商品的预期进行对比，并做出适当的评价发布在网络渠道上供后来的消费者参考。

AIDMA模型到AISAS模型的转变，表明互联网时代的消费者已经化被动为主动，他们不会再盲目听信卖家的营销宣传，而是会以自己的方式验证商品信息。同时，商品信息的分享使得买卖双方间信息不对称的现象被不断消除，买家之间形成了一个强大的信息同盟，卖家难以用传统的营销方式去加以干涉。

如今，网络消费的AISAS模型已经开始影响和改变消费者的线下消费习惯，正逐渐成为代表互联网时代的消费形态。传统的营销理念将不再适用，各个产业的营销都必须在“互联网+”的指引下完成升级。

在“互联网+”时代下，市场环境、竞争手段、消费模型的显著变化，都为企业营销提出了新的要求。企业营销要根据这些具体的变化因素做出调整和改革，在营销工具、营销渠道、营销模式上全面实现“互联网+”。

02 实现天网、地网、人网“三网合一”

企业打造营销体系的过程，实际上就是搭建营销网络的过程。企业想要最大规模地接触潜在客户，最快速地将产品推向客户，最大限度地提升客户满意度，必须要借助一个完善的营销网络来达成。而在“互联网＋”时代下，一个高效的营销网络，必须要实现天网、地网、人网的“三网合一”。

（1）天网

天网，即数据工具和数据平台。在“互联网+”时代，用户数据的价值在不断提升，拥有大量的、精确的、深入的用户数据的企业，必然能够在营销竞争中占得先机。

在“互联网+”时代，浅层的用户数据越来越难以满足企业的营销需求，比如用户的年龄、性别、住址、收入水平等，这些用户数据虽然易于收集、整理和分析，但对于营销策略制定和调整的指导作用却极为有限。企业如今所需要的是用户大数据，包括用户的消费习惯、消费倾向、消费频率、消费内容等，都要进行记录、整合，并根据用户的历史消费记录来制订有针对性、个性化的营销方案。

以大数据作为基础的大数据营销，是在大数据分析的基础上，描绘、预测、分析、引导消费者行为，从而帮助企业制定有效的营销策略。为此，企业就要搭建“天网”，即大数据工具和大数据平台，以用户大数据去识别用户。

（2）地网

地网，即企业的营销渠道。在互联网和电子商务普及之前，渠道为王的营销理念曾经盛行一时，有许多企业，特别是零售企业认为，只要拥有了强大的、快速的销售渠道，就等同于取得了市场竞争的成功。

现如今，渠道在企业营销中依然占据着重要的地位，但是渠道模式却已经大幅改变。企业不仅要根据具体的需求，选择合适的代理商或经销商，在线下铺设渠道，还需要转战电子商务，以网上旗舰店或是网上专营店的形式在线上铺设渠道。不仅如此，企业还需要做好线上和线下渠道的协调与对接，避免渠道冲突的出现，让两种不同的渠道都能助力企业营销效果的提升，形成渠道合力，而不是互相“扯后腿”。

单一的营销渠道已经不足以支撑企业“破敌制胜”，企业要做到线上和线下渠道“两手都要抓，两手都要硬”，铺设一个完整的“地网”。

（3）人网

人网，即用户关系网络。在“互联网+”时代，赢得用户才能取得营销成功，庞大的用户规模、高涨的用户热情、强烈的用户忠诚，是每一个企业在营销过程中都应该竭力追寻的。

企业可以通过官方微博、微信公众号等社交工具与用户建立实时的联系，随时与用户进行信息交互和交流互动。企业还可以在线上和线下完善用户服务体系，为广大用户提供更加便利、更加人性化的服务项目，强化与客户之间的联系。

在用户关系网络初步形成后，还需要对该网络进行扩充、维护和强化，实现企业与用户之间的强关系，具备强关系特征的人网，才能在营销环节中发挥出更大的作用。

而在搭建了天网、地网和人网之后，企业还需要打通各个网络，使三个网络摆脱孤立化运作，实现真正的“三网合一”。比如，企业可以通过用户关系网络挖掘更多、更深入的用户信息，可以借助用户大数据为营销渠道的铺设提供依据等。只有通过“三网合一”，才能最大限度地发挥出三种网络的营销功效。

天网、地网、人网，对于“互联网+”时代的企业营销来说缺一不可，只有同时兼顾了用户大数据、营销渠道铺设和用户关系网络，才能紧紧追随“互联网+”时代的用户消费习惯和特征，以更加有效的营销模式赢得用户。

03 迅速与消费者建立信任关系

企业与消费者建立信任关系的方法有许多，比如提供物美价廉的产品、提供优质的售后服务等。但是，这些传统的建立信任关系的方式通常需要较长的周期，需要与客户在长期的业务往来中去实现。而在“互联网+”时代下，企业可以利用网络社交关系，在同消费者成交之前就能快速地与其建立信任关系。

事实上，随着互联网的不断发展，广大消费者正在排斥、躲避互联网这个信息爆炸的世界，为了逃离越来越多的信息轰炸，消费者开始在线上聚合成一个个相互熟悉和信任的小圈子。在这种因为相同兴趣、相似价值观而形成的社交圈子中，人们能够形成一种远比广告更加强烈的消费信任感。当人们发现某个感兴趣的产品或品牌时，往往不会去听商家如何介绍，而是会在圈子中寻求意见，圈子中的用户对产品或品牌的评价，将会直接影响到人们的消费意愿。所以，如果企业在营销过程中，能够“打入”目标客户群所在的圈子，那么便能够迅速地与消费者建立信任关系。

为了顺利“打入”目标客户群的圈子，企业的营销人员或营销部门首先要成为圈子的一员，并做好与目标客户的互动。不要刚进入客户的圈子便不停地“刷”广告，这不仅无法与消费者建立信任关系，还会使他们非常反感。营销人员要学会将产品或品牌信息无缝嵌入到日常的沟通交流中，潜移默化地去引导消费者的消费观念和行为，让消费者认可和赞同你的观点。

这种“打入”潜在客户圈子的做法存在一定的被动性，因此，营销人员也可以主动出击，搭建一个属于企业和品牌的圈子，吸引潜在客户群的加入。现在，越来越多的企业会开通官方微博、微信公众号等，并大力吸引潜在客户的关注，从而形成一个专门化的社群作为企业的“营销基地”。之后，营销人员还需要对圈子进行持续经营，维护与潜在客户群之间的信任关系。

企业可以采用不同的网络工具去经营自己的圈子，或是搭配使用、组合使用。比如，可以通过博客发布企业对某个事件的看法，引发评论，引导消费倾向；可以用微博分享简短的消息并建立网上社区；可以通过播客制作与自己的品牌和产品相关的音频或视频节目，吸引有兴趣的消费者参与评论或进行转发；可以在社交网站上创建群组、分享图片、进行商业交际等。在丰富的互联网工具下，企业营销可以玩出太多的“花样”，有太多的方法可以迅速同消费者建立信任关系。

而在客户圈子的经营中，企业也要坚持一定的原则。（1）要有持续性，当企业开始经营微博、微信或社交网站后，在吸引了第一批潜在客户后，要长期、稳定地坚持下去，一旦你的经营热情消退，人们对你的信任感也会下降。（2）采用通用的名称，可以以企业或品牌名称命名，这样你的品牌就能更多地在圈子中说话。（3）开展有价值的对话，要经常发布观点明确、见解独到的信息，把自己塑造成权威形象。（4）要迅速且真诚地回应，如果有人给你发邮件，或是通过微博、微信中联系你，一定要有所回应，不要不理不睬。（5）尽量不要采用“官腔官调”，商业话术对圈子成员来说，既陈腐又让人生厌，他们的信任往往是建立在真实互动之上的。

信任产生经济，在“互联网+”时代，企业还可以通过网络社群这种直接的、个性化的、具备亲和力的沟通形式，与消费者迅速建立起相互信任关系。不过，企业也不能指望刚发布了一条信息就能使客户和财源滚滚而来，只有进行持续的联系、分享内容，才能顺利建立并强化关系，赢得他们的信任。

04 玩转网络，让品牌年轻化

一些知名的传统品牌，尽管拥有强大的品牌实力和品牌号召力，但是也容易给人留下老旧、陈腐的品牌印象，不容易吸引互联网时代的年轻用户群体，这对于品牌的发展是极为不利的。如今，越来越多的传统品牌，力求通过网络平台拉近与用户，特别是年轻用户之间的关系，改变刻板的品牌形象，为品牌注入新鲜血液，实现品牌的年轻化。

如今，许多品牌通过微博、微信这种社交化营销工具与用户开展日常化的互动沟通，已经明显改善了品牌在用户心中的形象，使品牌更具亲和力、更加年轻态。除此之外，企业还可以通过营销模式、营销内容的创新来改善品牌形象。可口可乐的“昵称瓶”营销，就是一个成功的典范。

虽然可乐的消费群体以年轻人为主，但长期以来，给人留下“年轻”印象的品牌并非是可口可乐，而是它的主要竞争对手百事可乐。为了改善品牌在年轻群体心中的形象，可口可乐于2013年推出了“昵称瓶”，不仅在市场上大获成功，还将中国艾菲奖收入囊中。

“昵称瓶”的营销内容其实非常简单，就是将时下流行的一些网络词汇印制到可口可乐瓶身上，以取代原本千篇一律的瓶身内容。比如，你可能买到印有下列词汇的“昵称瓶”，像是天然呆、闺密、高富帅、喵星人、吃货、文艺青年，等等。这些网络化的昵称不仅深受年轻人的欢迎，而且还明显改善了可口可乐过去的刻板品牌形象。

可口可乐的“昵称瓶”营销，并非只是对瓶身的简单再设计，而是一种品牌形象和营销思维的革新。单向、传统的品牌建设方式已经落伍，挖掘每一位用户内心的认同感，建立基于共同价值观的社群联系，主动与用户进行分享和互动，才能使品牌扎根于市场并产生强大的生命力。

除了可口可乐外，汽车品牌东风日产也针对新崛起的80后、90后年轻消费群体开展了一系列品牌建设工作。

东风日产乘用车公司总经理打越晋明确表示："对东风日产而言，年轻化不是简单的一句口号，也不仅仅是将年轻化作为一种营销手段，而是要让年轻化更加有血有肉。"自2015年起，东风日产以"怒放年青"为品牌口号，以"激情、挑战"为品牌核心精神，从品牌、产品、营销、服务等层面全面贯彻品牌年轻化，将年轻化提升至企业战略层面。

东风日产在品牌年轻化之路上，不仅仅是推出了一系列符合年轻人需求的产品，还在品牌塑造上尽可能贴近年轻人的喜好。年轻人喜爱运动，东风日产就借赞助欧冠的契机，同步启动了"欧冠中国行"系列活动，为广大中国球迷提供了近距离对话球星、亲临欧冠现场观赛的机会；年轻人喜爱音乐，东风日产就联合网易云音乐打造了"理想音乐人扶持计划"，为年轻草根音乐人提供"明星导师+理想基金+音乐推广资源+音乐分享会"的专属理想激励；年轻人喜爱娱乐，东风日产就通过赞助《何以笙箫默》《盗墓笔记》等热门影视剧，激发年轻人对东风日产的喜爱；年轻人心怀理想，东风日产就联袂知名媒体，打造了"寻找未知的自己"系列活动，与年轻人一同寻找理想和价值。

东风日产的这一系列营销活动，都极大地改善了品牌在年轻消费群体心中的形象和地位，东风日产乘用车公司党委书记、副总经理周先鹏还表示："在车市微增长的新常态下，年轻化是应对车市挑战的重要手段。未来，东风日产将不断深耕品牌年轻化战略，以更'走心'的年轻化变革，让东风日产更有温度、更懂年轻人，从而让东风日产在未来的竞争中继续保持竞争力和领军者地位。"

随着年轻一代消费意识和消费能力的崛起，这一极具消费潜力的消费群体正成为众多行业纷纷争抢的“资源”。而要抓住年轻消费者的心，仅仅靠好的产品是不够的，企业的品牌诉求必须要贴合年轻人的心理和价值观，要以年轻化的品牌去赢得他们的好感。

05 线下体验，线上成交

由于受到电子商务的剧烈冲击，许多行业的线下渠道如今都经营惨淡，纷纷转战到线上渠道开展营销工作。但是，随着电子商务的普及度越来越高，线上平台在同质化竞争之下，也面临着一系列经营问题，许多企业都在全力寻找属于未来的新方向。而O2O，可能就是电子商务的下一站。

O2O，即online to offline，这是一种线上与线下对接的营销新模式。在传统的线上交易模式下，虽然较低廉的价格对消费者有着巨大的吸引力，但消费者也面临着线上商品信息有误差，与自己的预想不同等状况，尽管如今许多网店都能够提供方便的退换货服务，但这还是会为消费者带来巨大的麻烦。而在O2O模式下，企业或商家不仅在线上开设了旗舰店或专营店，同时也在线下开设了实体体验店，消费者可以先在线下的实体店进行体验，比如试穿衣服、鞋子等，如果完全满意可以再通过线上渠道以较低廉的价格成交，从而确保“万无一失”。

“线下体验，线上成交”的O2O模式，如今正被越来越多的企业所使用或探索。特别是一些原本在线上销售较为“乏力”的行业，O2O模式的出现为其打开了新的大门。

长期以来，卫浴产品在线上的销售额很不理想，一方面是由于消费者的传统观念使然，另一方面还主要是由于缺乏真实体验。由于卫浴产品的选择要考虑到与房屋的布置和装修风格相匹配，因此消费者还是更乐于到实体店中去体验、去感受。因此，对于卫浴行业来说，为了带动线上渠道，线下渠道的配合是必不可少的。卫浴行业的企业和厂商可以将线下实体店打造为一个消费者的体验平台，让他们可以在网上根据自己的喜好进行产品搭配，然后在实体店中感受产品的颜色、设计、质感等具体情况，等完全满意后再最终成交。

通过O2O模式的实施，许多卫浴品牌的线上销售状况有了极大的改善。根据天猫的统计数据显示，2015年天猫“双11”期间，许多卫浴品牌战绩不俗，“杀进”家装主材销售额前十位的有四家卫浴品牌，大大出乎人们的预料。如今，卫浴产品的主要消费群体是80后、90后年轻人，他们更认同也更乐于在线上进行消费，所以卫浴品牌布局O2O也是有其必然性的。

“线下体验，线上成交”的O2O模式，不仅仅是为了带动销量的提升，同时也是为了满足“互联网＋”时代客户的个性化需求，增加客户黏性。如今，在线下体验的环节中，一些企业还融入了定制元素，让消费者自己对想要的产品或产品组合进行定制并体验，这将在未来爆发出更加强大的营销能量。

“线下体验，线上成交”的O2O模式，是零售业未来发展的必然趋势，也是企业未来营销的必然趋势。在该模式发展和演化的过程中，线下成交的比例将会逐步减少，线下渠道的信息传递、媒体中介的功能将会越来越强，线下实体店的角色将转变为消费者的体验中心和服务中心，线上商城则成为下达订单、成交信息确认的主要阵地。

单一化的营销渠道，无法满足企业未来的营销需求，任何行业中的企业，都必须在线上和线下同时发力，而且要准确定位好线上渠道和线下渠道的角色与功能。“线下体验，线上成交”，是“互联网＋”用户思维的真实体现，既为用户提供最好的服务，又为用户提供优惠的价格，如果企业能够完美地做到这一点，用户又有什么理由不成交呢?

06 占领心智，培养品牌忠实客户

许多企业在开展营销活动时，仅仅是在向客户灌输信息，但在信息泛滥的互联网时代下，客户往往会“左耳进右耳出”，这些营销信息根本无法在客户心中占有一席之地。想要在客户心中占据牢固的地位，就要先成为客户心中的第一。

世界第一高峰的名字是什么？珠穆朗玛峰。那么第二高峰呢？未必所有人都答得上来。

世界最大的湖是哪一个？里海。那么世界第二大湖呢？并不是那么容易答上来。

第一个登上月球的人是谁？阿姆斯特朗。那么第二个登上月球的人呢？很多人都不记得。

最高的山、最大的湖、第一人，这些占据了“冠军”宝座的人或事物总是能够给人们留下深刻的记忆，很难从记忆中抹消。在商业世界中，照相机行业的柯达、计算机行业的IBM、复印机行业的施乐等，都曾经占据了这一位置。想要培养忠实的客户，企业所需要做的根本不是向客户灌输信息，而是要占领客户的心智，给客户留下独一无二的印象。

想要占据客户的心智，比起产品，品牌往往更加有效。企业的产品是纷繁多样的，但品牌只有一个，因此更适合去塑造一个统一的、独特的形象。那么，一个品牌要如何占据客户的心智呢？

首先，塑造醒目的品牌符号

品牌符号即品牌的商标形象，这是客户最先接触到的品牌印象，而这种形象，越是简洁、越是有特点，效果就越好。比如，消费者即便离很远，也能很轻易地注意到麦当劳醒目的金黄色“M”标识；消费者只要看到两个C字母背对背交叉在一起，就能瞬间判断是香奈儿。无论消费者所接触的信息多么“混乱”，这些醒目的品牌符号总是能够瞬间引起他们的注意。

有些人会说，这些品牌符号之所以醒目，是因为它们很有名，其实未必如此。比如，厨邦酱油算不上什么巨头企业，但是其品牌符号就很醒目，白绿相间的格子很容易让人们在众多同类产品中注意到它，而且这种类似餐桌布的设计也能够刺激消费者的食欲。

其次，设计脍炙人口的品牌名称

品牌名称也会对品牌的宣传推广有直接的影响，一个品牌名称是不是容易记忆，念起来是不是顺口，甚至会直接影响到品牌的销量和市场地位。

日本索尼公司在成立之初的名字是“东京通信工业株式会社”——一个冗长且毫无特点的名称。就在公司即将开启国际化战略之际，盛田昭夫认为公司名称有碍国际化之路，希望能够取一个像IBM一样容易记忆的名称。盛田昭夫翻遍了词典，决定以拉丁文“Souns”（声音）和英文“Sunny boy”（可爱的孩子）组合为“Sonny”，为了使读音更顺口，最终简化为“Sony”。这一完全不像日本企业的名称赢得了欧美市场的好感，在海外大获成功。

最后，将品牌内涵注入到客户潜意识中

客户在消费过程中，他们所购买的不仅仅是产品，同时也是为了满足心理需求，是为了追求一种感觉和价值。

比如，星巴克咖啡卖的就不仅仅是咖啡，而是一种独特的文化氛围。在欧美等“咖啡文明”较发达的国家，星巴克代表着闲适和舒缓的生活；而在中国，星巴克则代表着一种生活享受和时尚的消费理念。去星巴克消费的人群，有90%左右并不是为了喝咖啡，而是为了体验那种感觉。让星巴克大获成功的，并非只是其美味的咖啡，更关键的是将品牌内涵注入到了客户的潜意识中。

企业想要长久占领消费者的心智，培养品牌的忠实客户，就要充分发挥品牌效应，在品牌的形象、名称、内涵上多下功夫，不仅要为客户提供满足他们需求的优质产品，还要与其进行情感上的深入交流。

07 重视并用心经营你的粉丝

在网上，有这样一段关于“粉丝效应”的比喻：

如果有100个粉丝，你就是一本校园读物；

如果有1000个粉丝，你就相当于一个公告栏；

如果你的粉丝超过了1万个，你就是一本时尚杂志；

如果超过了10万个，你就是一份生活都市报；

如果超过了100万个，你就晋升为了全国性报纸；

如果超过了1000万个，那么就相当于知名电视台了。

在粉丝经济时代，粉丝效应具备强大的营销能量。当一个企业拥有数量足够庞大的活跃粉丝后，就必然能够占据大量的市场份额。而粉丝的活跃度越高、忠诚度越高，产品能够存活的时间也就越长，品牌的发展动力也就越强。

小米的成功可以说是粉丝经济的最佳佐证。2012年，小米集团向外界宣布公司销售额达到了126亿元。一家刚成立不到四年的创业公司变身为百亿元俱乐部会员，这完全是创业公司中的奇迹。比126亿元销售额更让人震惊的是小米拥有的500多万“米粉”，正是数量如此庞大的米粉创造了小米的销售奇迹。

在传统的营销模式下，要实现有效销售必须要有广告、渠道、客服和销售以及公关等一系列环节进行协同。但在互联网时代下，只需要粉丝。如果企业拥有足够多的铁杆粉丝，那么全部工作都能够通过网络平台来实现，运作过程几个人就完全足够。而且，粉丝效应带来的不仅仅是便利的营销方式，还是一种强大的口碑传播渠道，当粉丝们对企业的产品或营销活动感兴趣，不仅他们自己会去购买、去参与，还会鼓动他们所认识的人去购买、去参与，自发地形成“病毒式营销”。

用心经营好粉丝群体，并借助粉丝效应为企业带来实实在在的业绩，就必须关注两个方面：一是粉丝数量，二是粉丝质量。

获得粉丝并不难，但想要聚拢大量粉丝却并不容易。而在网络效应之下，如果你只拥有几个、十几个粉丝，那么其营销效应是极其有限的。只有当粉丝数量积累到一定程度时，才会发生质变，并保证企业能够完全围绕粉丝互动搭建出一个闭环式的营销系统。

获取大量粉丝很重要，但如果粉丝不活跃，只是大量的“僵尸粉”，那么也不具备任何价值，只有积极互动的粉丝群，才是企业营销所需要的粉丝群。而为了调动粉丝的活跃度，就需要企业持续地推送优质内容，引起粉丝的注意，引发粉丝的讨论，不断地为粉丝提供话题。如今，一些80后、90后粉丝在个性化、碎片化、娱乐化的需求特征下，对于内容质量的要求越来越高，企业只有满足他们对内容质量的需求，才能引导其成为高质量粉丝。

互联网营销成功的前提是，拥有庞大数量、投入时间较长、参与范围足够广，参与深度足够深的粉丝，同时这也是资本市场能够对企业进行较高估值的基础。

粉丝经济时代的营销模式，应该汲取传统营销的优势，对原有的商业模式进行创新，着眼于对人力资源的开发和利用，这样才能有效地帮助企业将原本作为客户的粉丝转化为企业的宣传者和销售者，以几何式增长的速度培养品牌的铁杆粉丝，为企业和产品赢得更为广阔的生存和发展空间。

08 客户说好才是真的好

俗话说，“金杯银杯不如老百姓的口碑，金奖银奖不如老百姓的夸奖。”企业想要在市场中立足和发展，仅仅靠自我标榜是不够的，更重要的是要赢得客户的好口碑。特别是在“互联网+”时代，每一个客户都是一个媒体终端，他们有着强大的口碑传播力量，一位客户说“好”可能会带动一批客户说“好”，而一位客户说“不好”同样可能会带动一批客户说“不好”。

同样一件产品，品牌不一样，客户的认知程度就不一样了；同样一个品牌，不同客户的看法不一样，感受也就不一样了。很多时候，企业想要塑造的品牌形象，与客户所感知到的品牌形象并不一致，你所认可的品牌形象是一回事，而客户所认可的品牌形象又是另外一回事了。

那么，企业要如何在“互联网+”时代让客户主动说好、一致称赞呢？

（1）始终提供优质产品

无论互联网如何将虚拟经济玩出花样，优质的产品也始终是企业成功的根本保障。如果作为企业经营之根本的产品质量都无法保障，又如何能够让客户说好呢？

为客户提供优质的产品，不仅仅产品本身质量要合格，这只是产品的最低标准，企业要确保产品能够满足客户的个性化需求，与同类产品相比有某种或某几种明显的竞争优势。但优质产品并不意味着完美无缺，企业也无法提供真正意义上完美无缺的产品。产品在性能上占据优势，在价格上就会占据劣势；在价格上占据优势，在性能上又会占据劣势。这就需要企业做好取舍，无论是性能和价格的取舍，还是产品每一处功能的取舍，为客户提供他们最需要的，而不是由企业自行决定什么是好产品。

（2）完善和创新服务体系

仅仅有好的产品，但却没有好的服务，也无法让客户一致叫好。售前的答疑、售中的引导、售后的保障，这些都是一个完整的服务体系中必不可少的环节。

越是细致的服务体系，越是能够给客户留下深刻的印象和美好的体验，但与此同时也可能会造成服务成本大幅上涨，企业在完善服务体系时，要兼顾成本和质量，做好两者之间的平衡。同时，在互联网时代，企业也可以借助各种互联网工具开展客户服务项目。比如在线上为客户展示产品信息，回答客户的疑问，或是以“线下体验，线上成交”的O2O模式让客户享受更好的消费体验等，都是服务创新的一种方式。

（3）力求品牌内涵名副其实

每一个力求将品牌做大做强的企业，都会竭力宣扬自己的品牌内涵。但是，无论品牌口号多么响亮，品牌使命多么崇高，如果企业不去践行，那么就毫无意义。

企业不要让品牌内涵沦为一种口号，而是要努力将其变为现实。无论是在产品的设计和生产上，还是在服务的内容和特点上，都要充分体现品牌内涵，要给客户留下品牌“表里如一”的印象。例如苹果的品牌内涵，“用直观、简洁和优雅的设计提升人们的生活”，苹果也确实凭借iPhone、iPad等一系列优秀产品践行了这一品牌内涵，否则，苹果也不会受到客户的狂热追捧。

在产品、服务和品牌三个层面上做到精益求精，让客户一致说好并不困难。不要花费大量的时间和精力去做那些空虚的宣传推广，去用实际的行动去征服那些最挑剔的客户，让你的目标客户群不会再拒绝你。

第 9 章

修炼自我：做团队的代言人

优秀的团队领导者，必须德才兼备，才能春风得意，成为团队的最佳代言人。无德有才，则怀才不遇；无德无才，则平庸一生。团队领导者必须培育三种优秀的品德：家庭美德、职业道德、社会公德。只有从各个层面上修炼自我，才能使自己成为一个高尚的人，一个极具魅力的人，这也有助于领导力的显著提升。

01 弘扬正气

优秀的团队领导者，首先需要是一位充满正能量、能够弘扬正气的人。如果一位领导者整日散播负能量，在日常的工作和生活中搞歪风邪气，他又怎么可能聚拢一批优秀的人才，又怎么可能展示良好的团队形象呢?

领导者的弘扬正气，包含微观和宏观两个层面。

从微观层面上来看，领导者要在团队内部、企业内部弘扬正气。领导者要自觉遵守团队内部及企业内部的各项规章制度，不能随意地践踏团队的纪律，更不能以权谋私，将个人利益置于团队利益之上。团队领导者要“行的正坐得直”，坦坦荡荡做人，不耍阴谋花招。同时，团队领导者不仅要严格要求自己，还要严格要求整个团队。对于违反团队纪律的行为必须要严惩，而对于严于律己的行为则要予以称赞，绝不助长任何有损团队“正气”的行为。

从宏观层面上来看，领导者要在社会生活中弘扬正气。领导者要能够明辨是非曲直，要有强烈的正义感，要自觉遵守社会公德，杜绝不文明、不礼貌、不道德的行为。对于社会中存在的不文明、不道德现象要极力斥责，在有能力干预的情况下要及时制止。对于社会中的好人好事、善人善举，则要大力赞扬，在有能力的情况下可以提供帮助。同时，领导者还可以将这种“惩恶扬善”的观念灌输到团队之中。比如，当遇到有人遭遇不幸、急需帮助时，可以号召团队进行捐款，以团队或企业的名义为困难人士送去一份温暖，让社会正气充斥到整个团队之中。

为了能够弘扬正气，领导者应该主动地遵守公德良俗，去吸收和理解社会主义核心价值观，要从优秀的传统文化中汲取营养，培养健康、高尚、正直的思维方式和行为作风，始终坚守正道。

此外，无论在工作中还是生活中，团队领导者在为人处世上都应该坚持以下原则：

时运未到之人，我们不能欺他；

欺软怕硬之人，我们不能交他；

来路不明之人，我们不能留他；

酗酒成性之人，我们不能合他；

人小体弱之人，我们不能吓他；

受苦遇难之人，我们不能抛他。

“近朱者赤，近墨者黑”。领导者以正确的原则去结交朋友、去识别下属，才能保证有一批拥有正气的人围绕在自己身旁。而当领导者身边有了一大批拥有正气的朋友和下属，才能保证自身能够更加持续地弘扬正气。

拥有正气的领导者，才能明辨黑白，才能明白什么是对、什么是错，才能明白哪些人可结交，哪些人不可结交。同时，能够弘扬正气的领导者，不仅能在团队内部树立高尚的形象，还能感染和带动整个团队，向全社会展现团队的崇高思想境界。

02 专业敬业

作为营销团队的领导者，要专业更要敬业。如果不专业，不具备专业的营销知识、技能和经验，就无法带领团队朝着正确的方向、以较高的效率开展营销工作；如果不敬业，根本不尊重自己的工作，那么就无法对工作产生强烈的责任心，整个团队都不会对工作尽心尽责。

专业的领导者，要对营销的标的产品有充分的了解，要熟知产品的规格、特性、优势、劣势等信息，要能够准确地定位目标客户群，寻找准确的市场突破口，并且要有有效的市场突破方案去突破营销“瓶颈”，要搭建有效的营销渠道，寻找合适的代理商或经销商等。除此之外，专业的领导者还要懂业务、懂流程、懂管理、懂沟通技巧、懂人情世故，等等。既要成为专业的营销人员，也要成为专业的管理人员。

敬业的领导者，就是要专心致志地工作，就是要快乐地工作。敬业的最高境界，是从“要我做”转变为“我要做”。敬业的重要前提是爱岗，只有先爱上自己的工作，才能全心全意地投入工作，才能激发出最大的动力和激情。敬业的重要表现是热爱工作就像热爱自己一样，并希望尽自己最大的努力将工作做到最好。敬业的好处是能够让一个人从每一件工作中都能有所学、有所获，能够让自己的职业技能和职业经验不断提高，从而不断增强自身的竞争力。可以说，一个敬业的人，必然会在不断的工作过程中成为一个越来越专业的人。敬业是一种“大智若愚”的智慧，敬业的人不对自己的付出斤斤计较，他们唯一的目标就是更好地完成自己的职责。

专业敬业，就是对工作抱持最高级别的责任心，只有专业敬业，才能在自己的能力范围内将工作做到最好。领导者不仅自己要成为专业敬业的人，也要引导所有团队成员成为专业敬业的人，进而引领一个专业敬业的团队。团队中的每一位成员，都要对自己的工作负责，不要为工作的失败寻找借口。

零借口承诺书

我是责任者，凡事行动前，如果没有把握，我可以不承诺，但如果我承诺了，我就全力以赴去执行！成功了，我自豪，在享受薪金与荣誉的同时，也证明了我是可以胜任这份工作的；如果失败或违规了，我绝不找任何借口，找借口是可耻的，无能的人才找借口。我愿意承担所有因为失败而产生的后果甚至责罚！

以上是我的决定，也是我的承诺，从我做起，就从现在开始！

承诺人：×××

日期：×年×月×日

包括领导者在内，团队中的每一位成员都应该签订如上的《零借口承诺书》，彻底戒掉找借口、找理由的不良习惯，约束自己成为一个敢于负责任、敢于承担责任的职业人。在此基础上，不断提高专业能力，不断培养敬业精神，在专业敬业之路上越走越远。

03 乐观自信

营销团队的领导者，要时时刻刻满怀激情，而乐观自信，正是激情的重要源泉。如果一位领导者，整天愁眉苦脸，对工作不乐观，对自己不自信，他有怎么可能会对工作充满激情，有怎么能够让整个团队放心地跟随自己呢？

乐观的领导者，无论环境如何恶劣，无论状况如何不利，都会努力寻找和发掘机会，不会将宝贵的时间浪费在抱怨命运不公、时运不济上，坚信只要永不放弃，就一定能够扼住命运的咽喉。

领导者要如何成为一个乐观的人呢？首先，学会乐观，乐观是心胸豁达和身心健康的表现，是人际交往的基础，是工作顺利的条件，领导者必须学会以乐观的心理状态去看待和思考问题；其次，始终保持平和，无论是在走上坡路、下坡路还是原地踏步，领导者都要保持平和的心态，春风得意时要能不骄不躁，事事不顺时不要气馁绝望；最后，少发牢骚，领导者无论遇到多么烦心的事，都不要在心里发牢骚，更不要把牢骚说出口，要在任劳任怨中找到解决的方法。

领导者想要始终维持乐观的心态，还要注意自我调解：会养神，身心疲惫时及时休息；会养志，遇事退一步海阔天空；会养性，工作和生活中爱好广泛；会养眼，永远只看美好的事物；会养德，一直以“厚德载物”修炼自我。

自信的领导者，拥有以下特征：勇于担当，不为失败找借口，将自己能力不足、努力不够视为失败的根本原因，对待自己和他人都按照统一的标准；活得坦荡，自信的人会对他人的成功表示由衷的钦佩，会将他人的进步看作是对自己的鞭策，把他人的批评视作最真诚的关怀和帮助；活得宽容，自信的人不会在意外界的风言风语，他们始终按照自己的步调前进，将他人的误解当作一种意外。

领导者不仅要自信，还要将自信应用到团队管理中。首先，领导者要彰显自信，要懂得自我肯定，并让团队感受到自己的自信；其次，领导者要用好自信，从大局考虑，相信自己事业的合法性，从日常出发，坚信忙碌的合理性，从失误考虑，坚信出错的合情性；最后，领导者要善于把握自信，自信能够带来激情，但过分自信就成了自负，反而会为工作带来障碍。领导者应该最大限度地提升自信心、克服自负心，要时刻牢记：树以壮而统伐；花以艳而遭采；蛐以鸣而被捕；鱼以泡而已网；犬以狂而遇弃；人恃强而至灭。

乐观与自信，是两种相互影响、相互促进的心理状态，乐观的人更自信，自信的人也更乐观，作为工作激情的源泉，两者缺一不可。

领导者应该修炼好乐观自信的心态，控制好乐观自信的程度，发挥好乐观自信的作用，让自己充满激情，让整个团队充满激情。

04 包容厚德

“厚德载物，有容乃大”。包容厚德不仅是中华民族的传统美德，同时也是领导者个人境界和个人格局的重要体现。高境界、大格局的领导者，能够顾全大局，不会对小事斤斤计较，他们能够听取不同的声音，能够给予下属犯错的机会，在宽松的领导风格下确保团队前进方向不偏不倚。

古人云：“宽以济猛，猛以济宽，宽猛相济。”佛家有云：“精明者，不使人无所容。”《尚书》中有“有容，德乃大”之说，《周易》中提出“君子以厚德载物”，荀子主张“君子贤而能容罢，知而能容愚，博而能容浅，粹而能容杂”。这些源于古代的箴言，讲的都是领导者要加强个人修炼，学会包容，学会超脱。

事实证明，如果领导者不具备包容厚德的精神，那么就不可能取得成功。假如一位领导者因为别人的一点过错就心生怨恨，一直耿耿于怀，甚至还想方设法地伺机报复，整日埋头于一些鸡毛蒜皮的琐事上，那么他还有足够的时间和精力去关注和发展自己的事业吗？所以，善待下属、善待他人，拥有豁达的胸襟，才能成为一名成功的领导者。

作为一名领导者，就要有领导者的风范，有领导者的修养。宽大为怀才配得起自己的地位和形象。如果以怨报怨、以牙还牙，那么就不是领导的风度，缺少领导者的胸怀。一个领导者要有博大的胸怀、雍容的气度，要能听得进不同的意见，包括逆耳之言，容得下各种各样的人，要能够引领一个成员特征各异的团队。

不过，包容厚德不是一味忍让，领导者要明确可以容忍和无法容忍的界限。他人的失误可以容忍，一些无伤大雅、有待改善的错误可以容忍，但是原则问题不能容忍，如果团队成员挑战了团队或企业的底线，违背了基本的职业道德，严重损害的团队的利益，那么必须要依照规章制度严惩。

包容厚德的领导者应该具备两个度：广度与高度。

（1）广度

领导者要胸怀宽广，有容人的雅量，能领导比自己某方面能力更强的人；要学识广泛，经验丰富。知道的东西总是比别人多，预见的事情也总是比别人多，能够把握正确的方向，引导团队沿着正确的道理前进；要交际广泛，左右逢源，不要轻易发脾气，总是能做到笑容满面，要常与领导、同事和下属积极交流，促进工作的开展。

（2）高度

领导者要目标高，眼光远，不要被眼前的事物蒙蔽双眼、阻碍行动；要求同存异，能够接纳不同的声音、不同的意见，不要时刻想着排除异己；要看淡权力、看淡利益，领导者要善于授权，善于激发下属自我实现的愿望，不在工作中争权斗利，做自己该做的事情，尽可能把本职工作做到最好。

“世界上最宽阔的是海洋，比海洋更宽阔的是天空，比天空还宽阔的是人的胸怀”。包容厚德不仅是领导者应该具备的修养，更是一种处世原则。包容别人实际上也是在包容自己，懂得包容才能营造和谐的团队氛围。

05 奉献拼搏

乐于奉献、忘我拼搏，是一种崇高的思想境界，也是一种优良的团队作风。一支奉献拼搏的团队，必然能够在工作中抛却个人利益的干扰，全身心地为团队利益、团队目标而努力。而要使团队达到这一境界，领导者首先要起到带头示范作用，主动地去奉献拼搏。

薪资、福利，这些物质上的待遇自然是工作中不可或缺的。但是，领导者不能仅仅为了薪资福利去工作，更不能以薪资福利来决定自己的努力程度和付出程度。如果领导者，即便没有完成当天的工作，在下班时间就“准时”走人，如果领导者，对自己的薪资待遇不满，就消极怠工，不愿意尽全力做好工作，他又怎么能够回应企业的期待，又怎么能够统率下属呢?

奉献拼搏，并不是让领导者去做“白工”，并不是让领导者去不求回报，而是不要把自己的努力和薪酬水平放在天平上以自己的标准去衡量，不要总是想着自己做多了，别人做少了，你个人的奉献拼搏终将会得到回报。

领导者要懂“舍得”，“舍得”既是一种处世的哲学，也是一种做人做事的艺术。要深知“小舍大得，大舍超得，不舍不得”的道理，这个世界上没有完全偶然和侥幸的事情，一切都是有因果的必然性的。风险拼搏就是一种“舍得”，领导者可能暂时付出了时间、精力，但得到的却是个人能力和气量的提升，得到的是更多的机会和尊重。

领导者要将工作视为事业，要重视自我经营，珍惜在企业中的每一次历练机会，重视企业所能提供的发展平台，而不是企业所能提供的薪酬待遇。

如果领导者能够摆正心态，那么自然能够在工作中自发自为地奉献拼搏，而不会将之视为一种痛苦的、不划算的行为。

奉献拼搏的精神是能够“传染”的，领导者在工作中时时刻刻地贯彻奉献拼搏的作风，团队成员也会耳濡目染，自发地调整自己的心态和行为，愿意主动地为团队贡献自己最大的力量，不会去计较个人得失。

从长远来看，奉献拼搏是为了实现个人的价值，也是为了实现整个团队的价值。在奉献拼搏的过程中，每一位团队成员都能得到能力和精神上的历练，这能够为个人职业生涯的发展奠定坚实的基础。而整个团队，只有在全员共同的风险拼搏下，才能不断强大，才能更具竞争力，这也是团队的价值所在。

一位奉献拼搏的领导者，拥有更强的号召力；一支奉献拼搏的团队，拥有更强的竞争力。奉献拼搏精神，于个人、于团队，都是成功的必要条件。

06 感恩惜福

一个人取得的任何一次成功，都是靠个人努力所挣得的，但同时也不全是靠个人达成的，离不开各种外界因素的支持。一位领导者在工作中取得的成就，固然与他个人的能力和努力分不开关系，但同时也有团队成员的鼎力支持、企业所提供的平台和机会等，没有这些外界因素，领导者也不可能取得巨大的成就。所以，领导者必须要学会感恩惜福，要感激自己的境遇，珍惜自己当前的一切。

一位由普通职员晋升为总经理的人士这样说道："我刚到这家公司时，只是一名没有任何经验的普通员工，为什么在短短两年内就被晋升为总经理？这是因为，我时常怀着一颗感恩的心去工作，我感谢老板给予我的机会，我感谢同事对我的点滴关怀与帮助。'滴水之恩，当涌泉相报'。正是这种感恩的心，让我更加努力地工作，我要尽最大的努力来回报这一切，而这却又为我赋予了更大的回报。"

满怀感恩的心去工作，并不仅仅是针对于企业、老板和同事，在生活中，你的父母、朋友，以及每一个默默帮助过你的人，都是需要感恩的对象。你要清楚，你所拥有的一切，都不是理所当然的，都是与你有关系的人共同构建的。

班尼迪克特说："感恩能带来更多值得感恩的事情，这是宇宙中的一条永恒法则。当人们拥有感恩之心的时候，美德就产生了。不要以为工作是平淡乏味的，当你满怀感恩之心去工作时，你就很容易成为一个品德高尚的人，一个更有亲和力和影响力的人，一个有着独特人格魅力的人。”

懂得感恩的同时也要懂得惜福，人的不快乐，在很多时候源于不满足。不满足现状能够在一定程度上为个人的拼搏提供动力，但如果完全不懂得惜福，对自己所拥有的一切都不满，一味地去羡慕他人的境遇，那么必然会失去乐趣，失去前进的动力。人生在世，懂得知足常乐，往往能够把握更多幸福。

知足常乐并不是不思进取，而是以平和的心态面对当下，珍惜自己所拥有的一切。懂得惜福的人，不会嫉妒他人所拥有的一切，能够对自己高度认可，并按照正确的方向和步调稳扎稳打地为自己的事业而奋斗。

懂得感恩惜福，才能微笑着面对风雨人生，才能以一种更加自然的姿态去面对生命的启悟，去接受生命中的痛苦与幸福；懂得感恩惜福，才能“一笑泯恩仇”，以一种超然的大度接受一切的矛盾冲突；懂得感恩惜福，才能够心存仁爱之心、感激之情，少掠取、多赠予，与身边的人和睦相处；懂得感恩惜福，简单的话语也能够发挥出化腐朽为神奇的力量，让那些平庸琐碎的小事变得不再平庸琐碎，让仇视的目光变得温柔可亲，让生活的贫乏变得有滋有味，为生活多添一份快乐和幸福。

“老吾老以及人之老，幼吾幼以及人之幼”。感恩惜福是一种人生的境界，更是一种对人生的珍重。只有心存感恩、知足常乐，才能拥有更上一层楼的宽容与博大。